Fantasy-Perlentiere

Endlich gibt es etwas völlig Neues in der Welt der Perlentiere. Neben Drachen, schwarzen Reitern und Fabelwesen sind in diesem Buch zahlreiche Figuren versammelt, die mit der bisherigen Fädeltechnik allein kaum darzustellen waren. Dank meiner vollkommen neu entwickelten Haartechnik konnten für dieses Buch erstmals Figuren mit Haaren gefertigt werden. Ob Zauberer, Zwerge oder Hexen, Mantikor, Meerjungfrau oder Elfe – ausgestattet mit üppiger Mähne oder Haarpracht sehen diese Figuren noch viel realistischer aus. Sie werden begeistert sein, welche neuen Gestaltungsmöglichkeiten die Haartechnik bietet.

Mithilfe der farbigen Fädelskizzen und der genauen Einführung in die einzelnen Grundtechniken des Fädelns lassen sich die Fantasyfiguren leicht nacharbeiten.

Ich wünsche Ihnen viel Spaß und gutes Gelingen!

Torsten Becker

GRUNDAUS-STATTUNG
Folgende Materialien und Werkzeuge werden für die meisten Modelle benötigt:

- Rocailles in verschiedenen Farben, ø 2,5 mm
- Messingdraht, ø 0,3 mm
- Nagelschere
- kleiner Schraubenzieher
- Viskosekordel, ø 2,1 mm

Tipp: Beim Arbeiten darauf achten, dass keine Schlaufen im Draht entstehen, da diese zum Drahtbruch führen können.

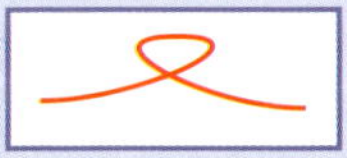

Material

Rocailles sind in jedem Bastelgeschäft in vielen Farben und Ausführungen erhältlich. Beim Kauf sollte darauf geachtet werden, dass alle Perlen die gleiche Größe haben. Deshalb ist es sinnvoll, die Perlen für die Modelle möglichst von einem Hersteller zu kaufen, da der Durchmesser von Hersteller zu Hersteller trotz gleicher Größenangabe leicht variieren kann.

Für alle Figuren im Buch wurde Messingdraht mit ø 0,3 mm verwendet. Im Gegensatz zu Nylonfaden behält er seine Form. Er ist biegsam und gleichzeitig steif genug, um die Figuren in Form zu halten.

Für die Haare wurde Viskosekordel mit ø 2,1 mm verwendet. Diese Kordel hat einen Baumwollkern, der mit farbigen Viskosefasern umwickelt ist. Dadurch lassen sich die Viskosefasern leicht vom Kern trennen. Die Viskose hat einen schönen Glanz und kann im nassen Zustand in Form gebracht werden, sodass die Haare gut sitzen. Es kann aber auch Acetatkordel verwendet werden.

So wird's gemacht

Der Körper

Alle Tiere im Buch werden nach dem gleichen Prinzip erstellt:
Die Perlenreihen im Wechsel nach oben und unten legen, sodass der plastische Körper entsteht (Abb. 1). Die erste Perlenreihe auf dem entsprechenden Drahtstück in die Mitte schieben. Alle weiteren Perlen gemäß Plan auf ein Drahtende auffädeln, das andere Drahtende entgegengesetzt einfädeln (Abb. 2). Diese Vorgehensweise so lange wiederholen, wie es der Plan vorsieht. Nach jeder unteren Reihe ist im Plan eine Trennlinie eingezeichnet (Abb. 3) – die nächste Reihe dann wieder oben beginnen.

Hinweis: Die erforderliche Drahtlänge für den jeweiligen Tierkörper ist auf den dazugehörigen Skizzen angegeben.

1
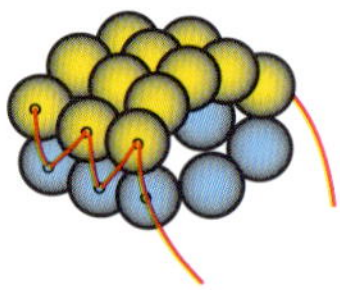

2
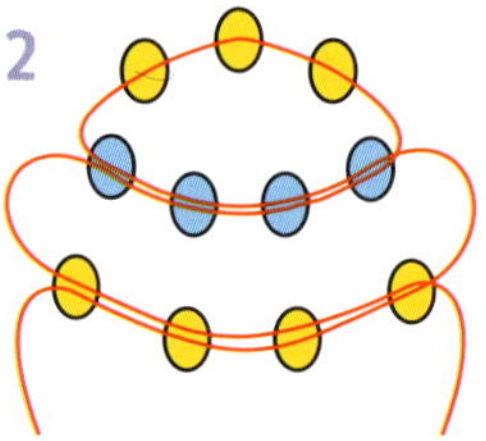

3
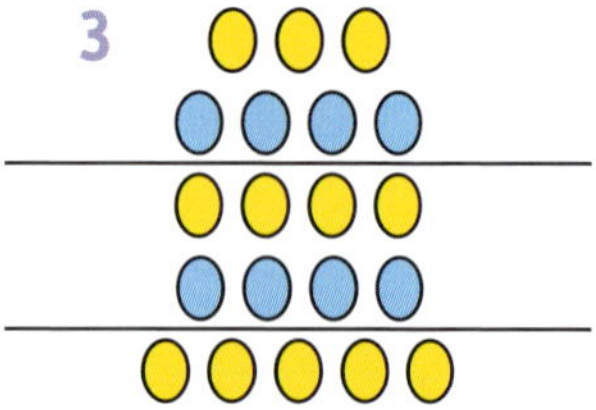

Der Abschluss

Die Perlentiere müssen mit den Drahtenden fixiert werden, da sie sich sonst bei hoher Beanspruchung wieder aufdrehen. Hierzu gibt es zwei Verfahren:

1 Verdrehen: Das eine Ende des Drahtes an der letzten Perlenreihe vorbeiführen und anschließend mit dem anderen Ende verdrehen. Dann den Rest des Drahtes abschneiden. Das noch abstehende Stück so biegen, dass es sich an den Körper anschmiegt.

2 Verstecken: Jedes Stück Draht wird einzeln verarbeitet. Das Ende des Drahtstückes durch die in der vorletzten Reihe entstandene Schlaufe fädeln und wieder Richtung letzter Perlenreihe ziehen. Den Drahtrest ebenfalls abschneiden. Der dadurch entstandene Haken hält das Tier fest und ist zudem sehr klein und unauffällig.

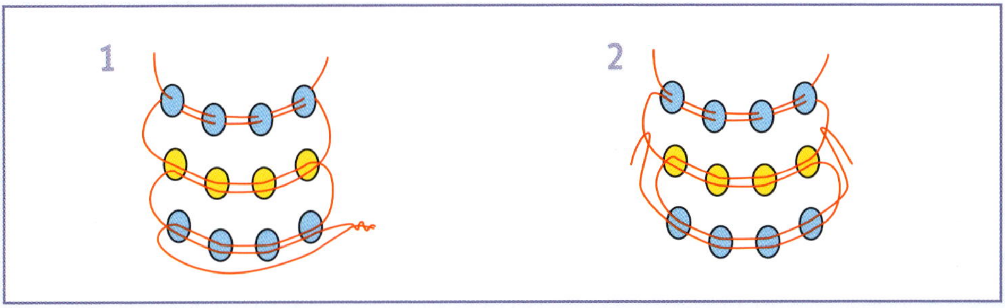

Die Details

Die zusätzlichen Körperteile sind im Plan mit eigener Drahtführung gekennzeichnet. Bei besonderer Verformung, wie z. B. beim Flügel des grünen Drachen, wird mit einer eigenen Zeichnung darauf hingewiesen.

Flache Körperteile

Für die flachen Formen werden die Perlenreihen flach hintereinander gearbeitet (Abb. 1). Im Plan ist dies dadurch kenntlich gemacht, dass nach jeder Perlenreihe eine Umbruchlinie eingezeichnet ist (Abb. 3). Die Perlen werden wie gewohnt auf die Drahtenden aufgezogen (Abb. 2).

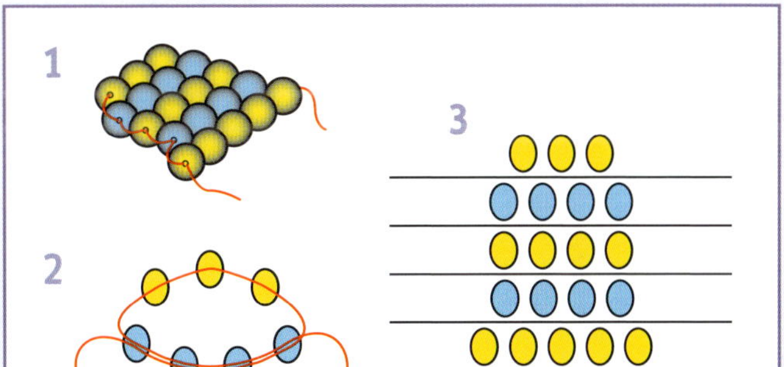

Augen und Ohren

Für Augen und Ohren ist in bestimmten Fällen eine spezielle Drahtführung notwendig, damit sich die entsprechenden Perlen abheben (Abb. 1). Im Plan ist dies durch eine gesonderte Drahtführung gekennzeichnet (Abb. 3).

Mit dem rechten Drahtstück alle Perlen auffädeln, mit dem linken Drahtstück hingegen nur die im Plan untenstehenden Perlen aufnehmen (Abb. 2). Achtung: Beim Festziehen darauf achten, dass zuerst das rechte Drahtstück fest gezogen wird.

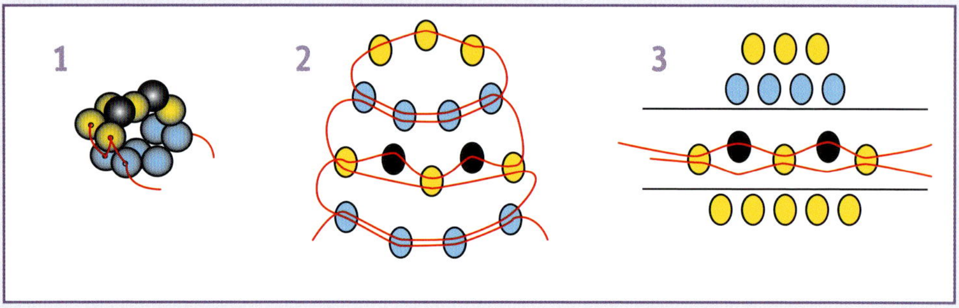

Arme, Beine und Flügel

Für zusätzliche Körperteile müssen während der Arbeit am Hauptkörper weitere Drahtstücke eingearbeitet werden. Die Länge dieser Drähte beträgt in der Regel 80 cm. Bei Ausnahmen wird die Länge gesondert angegeben.

Für jedes Arm-, Bein- oder Flügelpaar immer zwei Drahtstücke an den gekennzeichneten Stellen mittig durch den Körper ziehen (Abb. 3). Die Körperteile dann mit je zwei Drahtstücken auf einer Seite arbeiten (Abb. 2).

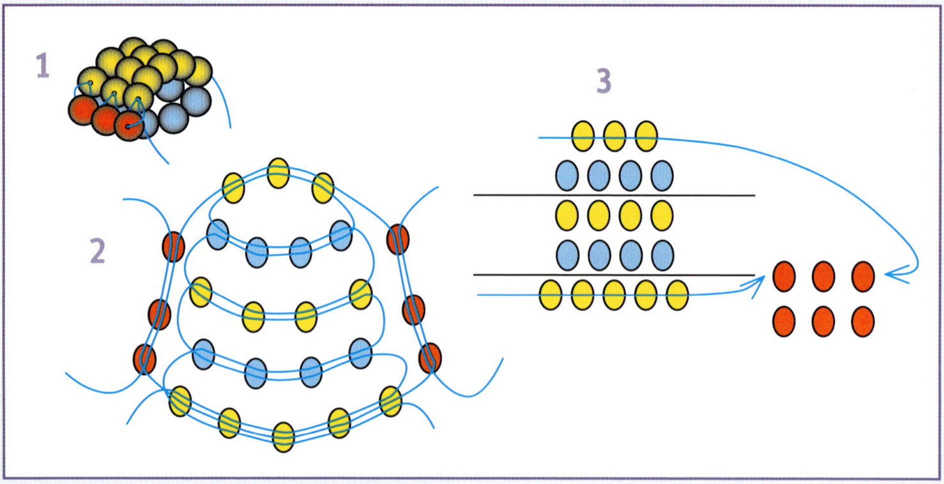

Eingeschobene Reihen

Bei der eingeschobenen Reihe (Abb. 1, Grün) handelt es sich um einen Trick, um die seitliche Weblinie etwas verändert weiterlaufen zu lassen, was (z. B. beim Phönix) die gewünschte Form erzeugt. Das Tier zunächst ganz normal fertigen. Die Perlen für die eingeschobene Reihe nur auf ein Drahtende fädeln, dieses Stück Draht auf der gegenüberliegenden Seite in die vorherige Reihe einfädeln und durchziehen (Abb. 2). Die hierbei entstandene Reihe auf dieselbe Seite wie die vorherige Reihe biegen. Anschließend das Tier wie gewohnt weiter arbeiten. Im Plan ist die eingeschobene Reihe durch eine Lücke zu erkennen (Abb. 3).

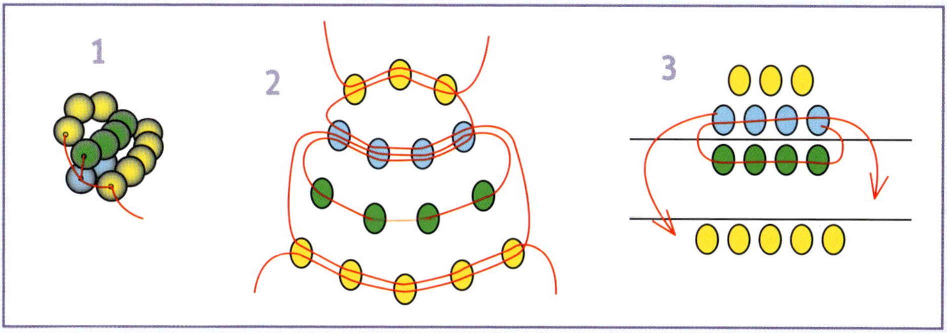

Perlenstäbe

Perlen, die so gefädelt werden, dass sie in einer Reihe stehen, bezeichnet man als Perlenstäbe (z. B. Federn des Phönix). Hierzu wird immer nur ein Drahtende verwendet. Zunächst alle für den Stab vorgesehenen Perlen aufziehen und mit Ausnahme der letzten Perle straff an den Körper heranziehen. Das Drahtende um die letzte Perle herum legen und wieder durch die anderen Perlen ziehen.

Tipp: Wenn die Perlen vor dem Festziehen schon an die richtige Position geführt werden, erreicht man eine höhere Stabilität.

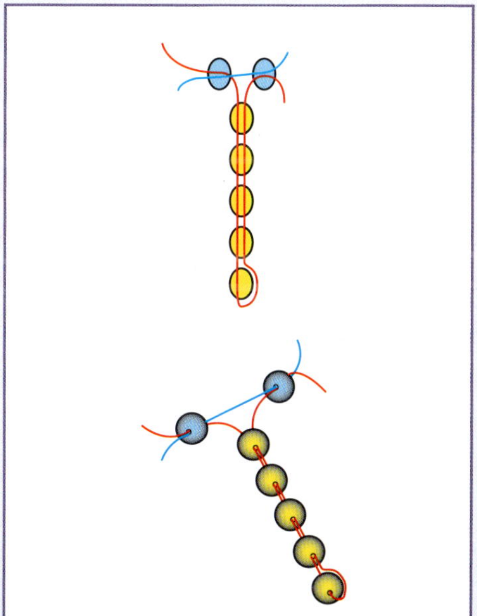

Die Hüfte

Damit der Körper der Tiere mit den Hinterbeinen verbunden werden kann, wird eine Hüfte eingearbeitet. Diese sieht nicht nur sehr schön aus, sondern verleiht den Tieren auch mehr Stand. Dazu wird ein Drahtstück für die Beine eingefädelt (siehe auch „Arme, Beine und Flügel", Seite 4). In der Fädelskizze wird angezeigt, wann der Draht eingezogen wird (siehe Abb. 1, a). Anschließend werden die weiteren Reihen des Körpers gefädelt und plastisch geformt, allerdings entfallen die unteren Reihen (Abb. 1, b). Nachdem die letzte Reihe des Körpers gefädelt ist (Abb. 1, c), werden mit den beiden Drahtenden des Körpers und mit den Enden des zuvor eingezogenen Drahtes die Hinterbeine gearbeitet (Abb. 2, rote Perlen). Dabei wird immer jede zweite Reihe nach innen gebogen (Abb. 3, rote Perlen).

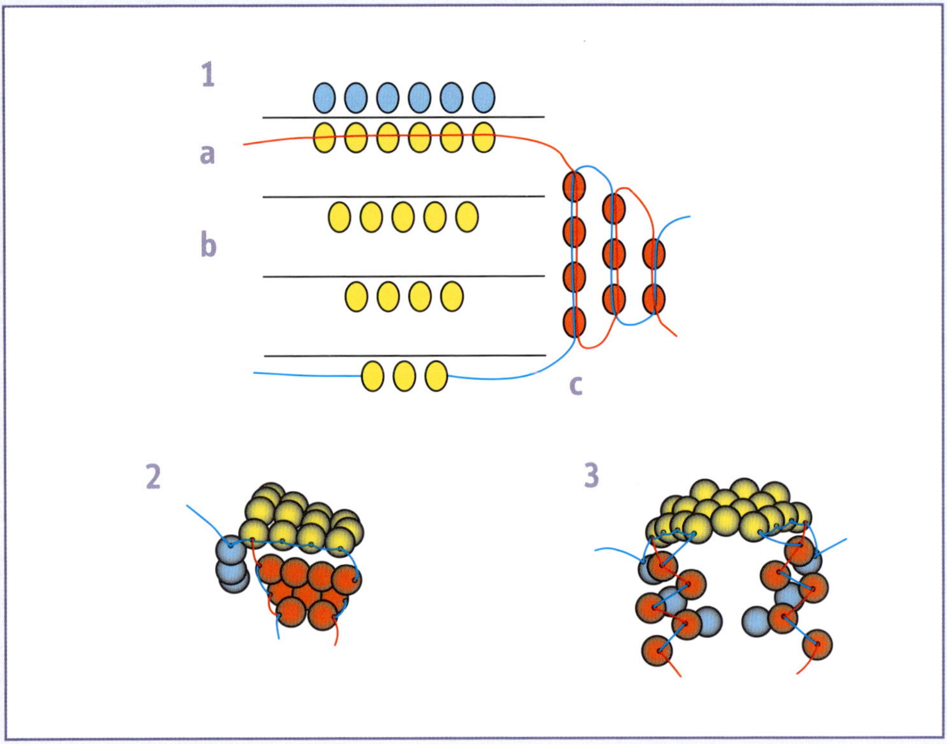

Das Haarprinzip

1 Die Haare werden aus den farbigen Fasern der Kordel gefertigt. Dazu muss zunächst der Baumwollkern der Kordel entfernt werden. Dies geht ganz einfach, indem die Fasern und der Kern vorsichtig mit den Fingern in verschiedene Richtungen auseinander gezogen werden (siehe Abbildung 1). Die Fasern anschließend zum Einarbeiten je nach gewünschter Haarlänge in ca. 4 cm bis 10 cm lange Stücke schneiden.

2 In der Perlenreihe, in welcher die Haare eingefädelt werden, eine kleine Schlaufe zwischen den beiden Drähten ziehen (im jeweiligen Plan mit △ gekennzeichnet) und in diese Lücke ein Stück der Fasern als Haare einlegen (Abb. 2).

3 Vorsichtig an den Drahtenden ziehen und die Lücke wieder schließen, sodass der Haarstrang fest zwischen den Perlen sitzt. Dabei können die Haare mit den Fingern in die gewünschte Form gebracht werden (Abb. 3).

4 Nachdem die Figur fertig gefädelt ist, werden die Haare frisiert. Dazu die Haare etwas unter den Wasserhahn halten und anschließend kurz abtupfen. Die gewünschte Frisur formen und eventuell mit der Schere in Form schneiden. Nach dem Trocknen die Haare nochmals etwas in Form zupfen.

Tipps: Probieren Sie diese Technik erst an einem einfachen Objekt wie z. B. einem Kopf aus, bevor Sie eine komplette Figur fertigen.

Sollten die Haare beim weiteren Fädeln im Weg sein, können Sie sie einfach etwas anfeuchten. So stehen die Haare weniger ab und stören beim Arbeiten der Figur nicht mehr.

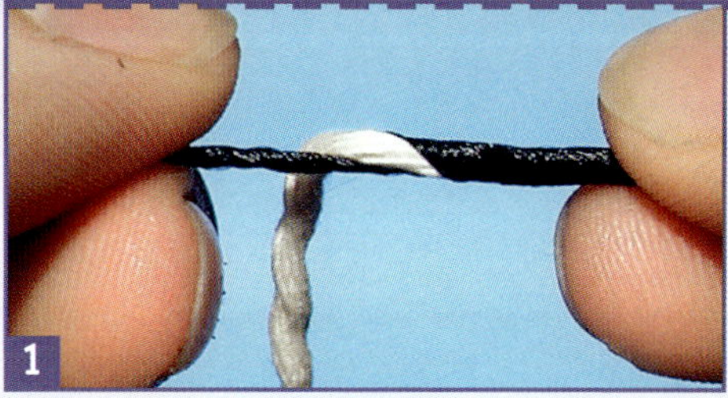
1

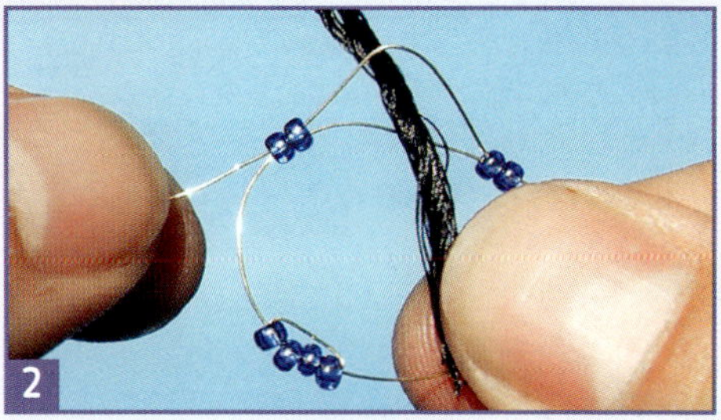
2

3

Die Eigenschaften von Viskose- oder Acetatkordeln variieren von Hersteller zu Hersteller. Bei einigen lassen sich die Fasern besonders leicht vom Kern trennen, bei anderen halten die Fasern nach dem Trennen besser zusammen. Bei Kordeln mit sehr wenigen Fasern sollten Sie immer zwei Fasterstränge in eine Drahtschlaufe legen.

Bei mehreren Haarteilen in einer Perlenreihe einfach die Drahtschlaufe durch die einzelnen Perlen wandern lassen, damit die Kordelstücke eingefädelt werden können.

Zauberer und blauer Drache

→ geheimnisvolle Magie

MOTIVHÖHE
Drache ca. 6 cm
Zauberer ca. 6 cm

MATERIAL DRACHE
- Messingdraht, ø 0,3 mm
- Rocailles in Schwarz, Blau und Flieder, ø 2,5 mm

ZAUBERER
- Messingdraht, ø 0,3 mm
- Rocailles in Blau, Braun, Silber, Gold, Schwarz opak, Anthrazit, Maisgelb rainbow und Weiß satiniert, ø 2,5 mm
- Viskosekordel in Weiß, ø 2,1 mm

VORLAGENHEFT SEITE 1 + 2

Drache

1 Mit dem Kopf beginnen und die Perlen gemäß Vorlage aufziehen. In der 10. Reihe zwei Perlen außerhalb der Reihe arbeiten (siehe Vorlage). In der 11. Reihe die Kinnlappen einarbeiten, in der 12. Reihe die Hörner.

2 In die 13. und 14. Reihe die Drahtstücke für die Seitenlappen einziehen. Die 18., 23., 41. und 44. Reihe sind eingeschobene Reihen (vgl. Seite 5). Die ersten beiden nach oben, die anderen nach unten legen. Ab der 28. Reihe die Rückenhöcker einarbeiten. Für die Vorderbeine in die 49. und 51. Reihe Drähte einziehen.

3 Für die Flügel in die 50. und 62. Reihe jeweils einen 1,50 m langen Draht einziehen. In der 63. und 65. Reihe die Drahtstücke für die Hinterbeine einarbeiten. Die restlichen Reihen bis zur Schwanzspitze fädeln. Die Seitenlappen, die Vorder- und Hinterbeine sowie die Flügel gemäß Vorlage fädeln und in Form biegen.

Zauberer

1 Mit dem Hut beginnen und die Perlen gemäß Vorlage aufziehen. Die 9. Reihe wird eingeschoben. Am Ende des Huts die Drahtenden durch die vorletzten Drahtschlaufen nach innen führen (siehe Vorlage). Den Kopf fädeln und die Haare einarbeiten (vgl. Seite 7). Dabei die Haare der ersten Reihe nach hinten legen. In der 19. Reihe die mittlere Perle außerhalb der Reihe arbeiten.

2 Das Kleid fädeln und gemäß Vorlage die Drahtstücke für die Arme einarbeiten. Nach der 46. Reihe die Drahtenden durch die äußeren drei Perlen der 45. Reihe führen, dann die letzte Kleidreihe in Schwarz fädeln. Gemäß Vorlage in die letzte Reihe ein Stück Draht für die Füße einziehen und die Füße fädeln.

3 Die Arme gemäß Vorlage arbeiten und an der linken Hand den Stab ergänzen. Zum Schluss den Mantel gemäß Vorlage fädeln und mit den Drahtenden dem Zauberer umhängen. Die Haare anfeuchten und in Form bringen.

Phönix

→ unsterblicher Feuervogel

1 Mit dem Kopf des Phönix beginnen und die Perlen gemäß Vorlage aufziehen. In der 11., 13. und 15. Reihe die Perlenstäbe einarbeiten. Die 23., 26., 30. und 33. Reihe als eingeschobene Reihen fädeln (vgl. Seite 5). Die ersten beiden nach oben legen, die anderen nach unten. Für die Flügel in der 39. und 49. Reihe ca. 1 m lange Drahtstücke einfügen.

2 Die Flügel gemäß Vorlage fädeln. Dazu die Perlen Reihe für Reihe auffädeln und jeweils nach unten bzw. oben legen. Nach jeder zweiten Reihe einen Perlenstab arbeiten. Den Körper weiter fädeln. In der 52. Reihe einen Draht für die Füße einziehen und in der 55. Reihe zwei Perlenstäbe für die Schwanzfedern arbeiten.

3 In der 56. Reihe den zweiten Draht für die Füße einziehen und die Füße fädeln. In der nächsten Reihe vier Perlenstäbe und in der darauf folgenden Reihe zwei Perlenstäbe für die Schwanzfedern arbeiten. In der 59. Reihe wieder vier Perlenstäbe arbeiten und einen Extradraht für zusätzliche Perlenstäbe einziehen (rote Linie).

4 Mit dem Fädeldraht des Körpers nochmals zwei Reihen mit Perlenstäben fädeln, dann mit der letzten Reihe den Phönix abschließen. Mit dem Extradraht auf jeder Seite zwei Perlenstäbe fädeln. Die Drahtenden seitlich in den Drahtschlaufen des Körpers einhaken und sichern (vgl. Seite 3). Zuletzt die Perlenstäbe der Schwanzfedern an den Enden leicht einrollen und in Form biegen.

MOTIVGRÖSSE
ca. 14 cm lang

MATERIAL
- Messingdraht, ø 0,3 mm
- Rocailles in Schwarz, Rot, Anthrazit, Gelb, Orange und Gold, ø 2,5 mm

VORLAGEN-HEFT SEITE 4 + 5

Meerjungfrau und Poseidon

→ zwei Meeresbewohner unter sich

Meerjungfrau

1 Mit dem Kopf der Meerjungfrau beginnen und die erste Perlenreihe auf den Draht aufziehen. Dann das Drahtende nochmals in gleicher Richtung durch die Perlen fädeln (siehe Zusatzskizze auf der Vorlagenseite). Die Haare vor dem Festziehen wie auf Seite 7 beschrieben einarbeiten.

2 Die 2. und 3. Reihe gemäß Vorlage auffädeln und die Haare einarbeiten. In der 4. und 6. Reihe die mittlere Perle als Nase außerhalb der Reihe arbeiten (siehe Vorlage). Nach der 9. Reihe die Schultern arbeiten. Dazu die Drahtenden zunächst durch zwei Perlen kreuzen, dann auf jedes Drahtende zwei weitere Perlen aufziehen (siehe Vorlage). In diese und in die nächste Reihe zusätzlich einen Draht für die Arme einarbeiten.

3 In der 13., 15., 22. und 24. Reihe jeweils sechs Perlen außerhalb der Reihe arbeiten (siehe Vorlage). Die restlichen Reihen bis zur Schwanzspitze fädeln. In die drittletzte Reihe einen Draht für die Flossen einarbeiten. Die Arme und die Flossen gemäß Vorlage fädeln.

Poseidon

1 Den Kopf wie bei der Meerjungfrau in Schritt 1 und 2 beschrieben und mithilfe der Vorlage fädeln. Nach der 9. Reihe die Drähte wiederum zunächst durch zwei Perlen kreuzen, dann auf jedes Drahtende drei weitere Perlen aufziehen. In diese und in die nächste Reihe die Drähte für die Arme einarbeiten.

2 Die restlichen Reihen bis zur Schwanzspitze fädeln. In die drittletzte Reihe einen Draht für die Flossen einarbeiten. Die Arme und die Flossen gemäß Vorlage fädeln. Den linken Arm an der offenen Stelle (siehe Vorlage) knicken. Dadurch entsteht ein Ellenbogen. Mit dem restlichen Draht den Dreizack arbeiten. Zuletzt die Krone gemäß Vorlage fädeln. Die Drahtenden durch den Kopf ziehen und auf der Rückseite unter den Haaren miteinander verdrehen.

MOTIVGRÖSSE
Meerjungfrau ca. 7 cm
Poseidon ca. 8 cm

MATERIAL MEERJUNGFRAU

- Messingdraht, ø 0,3 mm
- Rocailles in Schwarz opak, Maisgelb rainbow, Grün und Braun, ø 2,5 mm
- Viskosekordel in Rot, ø 2,1 mm

POSEIDON

- Messingdraht, ø 0,3 mm
- Rocailles in Schwarz opak, Maisgelb rainbow, Hellbraun satiniert, Weiß satiniert, Braun, Gelb und Smaragdgrün, ø 2,5 mm
- Viskosekordel in Weiß, ø 2,1 mm

VORLAGENHEFT SEITE 6 + 7

Grüner Drache

→ imposantes geflügeltes Fabelwesen

MOTIVGRÖSSE
Flügelspannweite ca. 16 cm

MATERIAL
- Messingdraht, ø 0,3 mm
- Rocailles in Schwarz opak, Dunkelgrün, Grün, Hellgrün und Anthrazit, ø 2,5 mm

VORLAGENHEFT SEITE 3

1 Mit dem Kopf des Drachen beginnen und die Perlen gemäß Vorlage auffädeln. In der 8. und 10. Reihe die Perlen oberhalb der Augen außerhalb der Reihe arbeiten (siehe Vorlage). In der 12. Reihe zwei Perlenstäbe für die Hörner arbeiten.

2 In der 36. und 40. Reihe jeweils einen 1 m langen Draht für die Flügel einziehen. In der 37. und 41. Reihe sowie in der 53. und 59. Reihe die Drähte für die Vorder- bzw. Hinterbeine einarbeiten. Die restlichen Reihen bis zur Schwanzspitze fädeln. Die Beine gemäß Vorlage arbeiten.

3 Für die Flügel zunächst die Perlenreihen A und B fädeln (siehe Vorlage). Dann gemäß Vorlage an den Punkten 1 und 2 beginnend den orangefarbenen und den blauen Zusatzdraht einarbeiten. Dadurch entsteht die Perlenreihe D. Dann zusammen mit den Drahtenden der Perlenreihe B (in der Vorlage rot und hellgrün) die Perlenreihen C und F arbeiten.

WEITERFÜHRUNG

Grüner Drache

4 Den dunkelgrünen Zusatzdraht an Punkt 3 einarbeiten und mit beiden Enden des Drahtes die Perlenreihe E fädeln. Damit ist das Skelett des Flügels fertig und die Zwischenhäute können eingearbeitet werden. Dazu jeweils einen ca. 80 cm langen Zusatzdraht verwenden.

5 An Punkt 4 den ersten Draht durch eine Perle fädeln, die Enden durch eine Drahtschlaufe an der Perlenreihe und am Drachenkörper (in der Vorlage mit x gekennzeichnet) führen, durch die nächste Perle kreuzen und durch die nächsten Drahtschlaufen führen. Die Drahtenden nun durch zwei Perlen, dann durch drei kreuzen usw., bis die Zwischenhaut fertig ist. Die Drahtenden am Körper bzw. an der Perlenreihe einhängen.

6 Die übrigen Zwischenhäute an Punkt 5, 6, 7, 8 und 9 beginnend auf gleiche Weise einarbeiten. Für die stufenartigen Abschlüsse auf die Drahtenden gemäß Vorlage Perlen auffädeln. Dann den Draht wie eingezeichnet um die letzte Reihe legen, durch die aufgefädelten Perlen zurück führen und durch eine Drahtschlaufe ziehen. Dabei genau die Drahtführung auf der Vorlage beachten.

Dschinn

→ ein Geist aus 1001 Nacht

MOTIVGRÖSSE
ca. 7 cm

MATERIAL
- Messingdraht, ø 0,3 mm
- Rocailles in Schwarz opak, Maisgelb rainbow und Silbergrau, ø 2,5 mm
- Viskosekordel in Schwarz, ø 2,1 mm

VORLAGENHEFT SEITE 8

1 Mit dem Kopf des Dschinns beginnen und den Draht durch zwei Perlen kreuzen (siehe Zusatzskizze auf der Vorlagenseite). Nun die Haare wie auf Seite 7 beschrieben einarbeiten.

2 In der 4. und 6. Reihe die mittlere Perle als Nase außerhalb der Reihe arbeiten (siehe Vorlage). In der 5. Reihe die Ohren einarbeiten. Dazu die Drahtenden durch die Perlenreihe kreuzen, jeweils eine Perle aufziehen und die Drahtenden nochmals durch die letzte Perle der 5. Reihe fädeln.

3 Nach der 9. Reihe die Schultern arbeiten. Dazu die Drahtenden zunächst durch zwei Perlen kreuzen, dann auf jedes Drahtende drei weitere Perlen aufziehen (siehe Vorlage). In diese und in die nächste Reihe zusätzlich einen Draht für die Arme einarbeiten.

4 Den Körper bis zur Spitze gemäß Vorlage fädeln und die Drahtenden miteinander verdrehen. Zuletzt die Arme fädeln. Den linken Arm an der offenen Stelle (siehe Vorlage) knicken. Dadurch entsteht ein Ellenbogen. Für die Daumen jeweils ein Drahtende durch die Drahtschlaufe zwischen der drittletzten und vorletzten Reihe führen, zwei Perlen auffädeln und den Draht durch die drittletzte Reihe ziehen.

Zauberer und blauer Drache

Seite 9

Zauberer

- ● Schwarz opak
- ● Anthrazit satiniert
- ● Maisgelb rainbow
- ● Blau
- ● Braun
- ○ Weiß satiniert
- ● Gold
- ● Silber
- △ Kordel in Weiß

Mantel

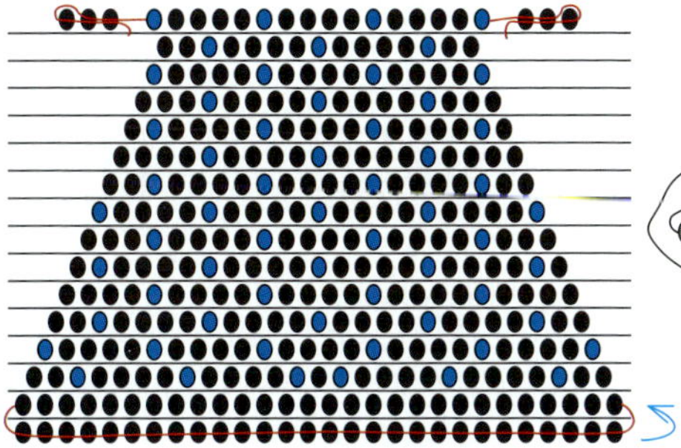

Drahtlänge 1,00 m

Drahtlänge 2,00 m

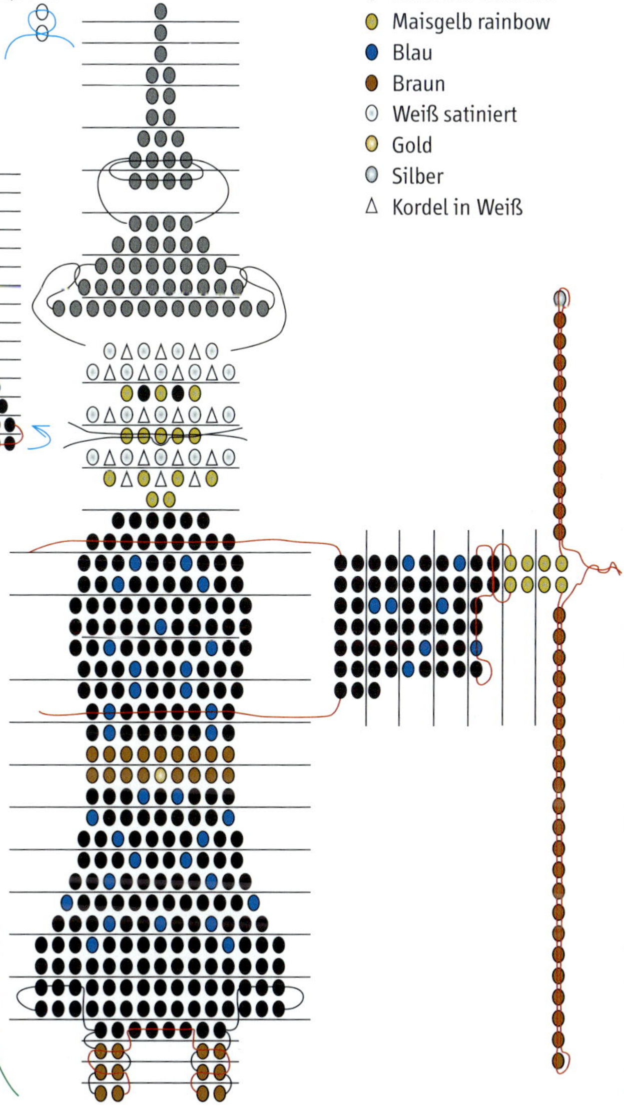

Drachenflügel

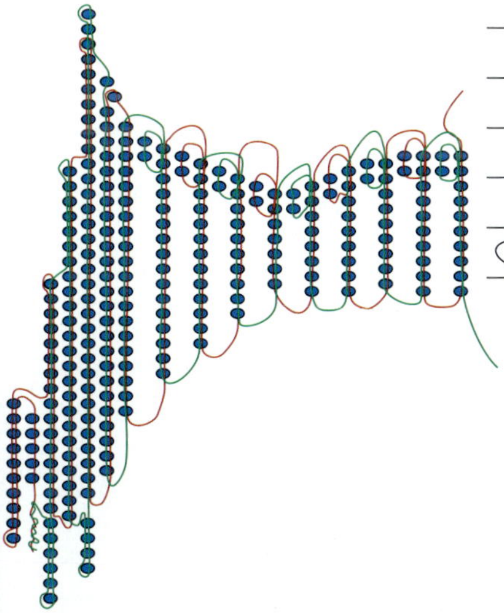

Zauberer und blauer Drache

Seite 9

Teil 1

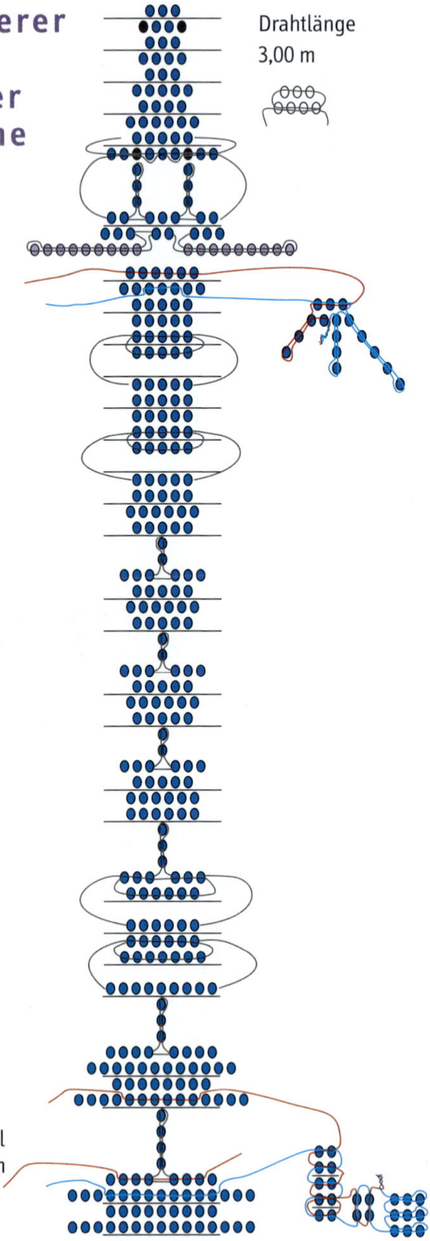

Flügel
1,50 m

Teil 2

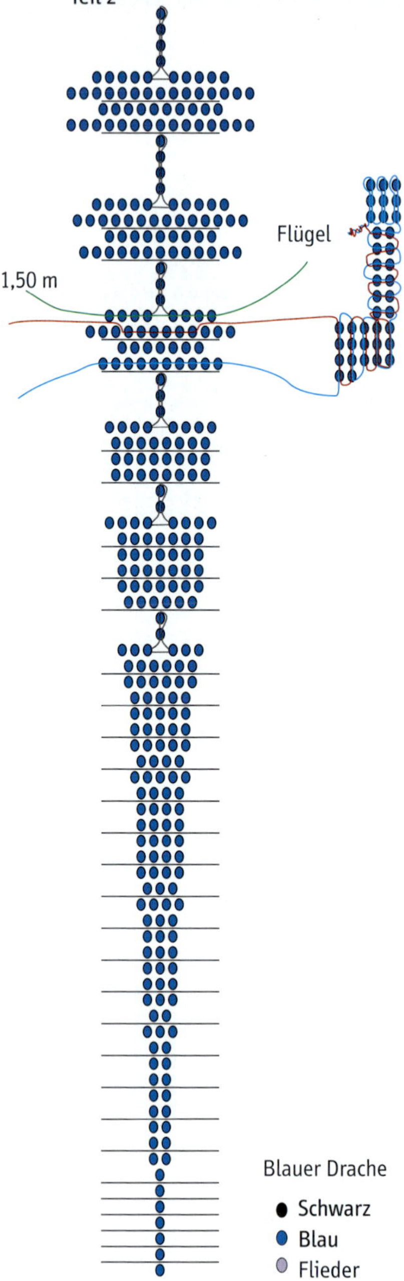

Blauer Drache

- Schwarz
- Blau
- Flieder

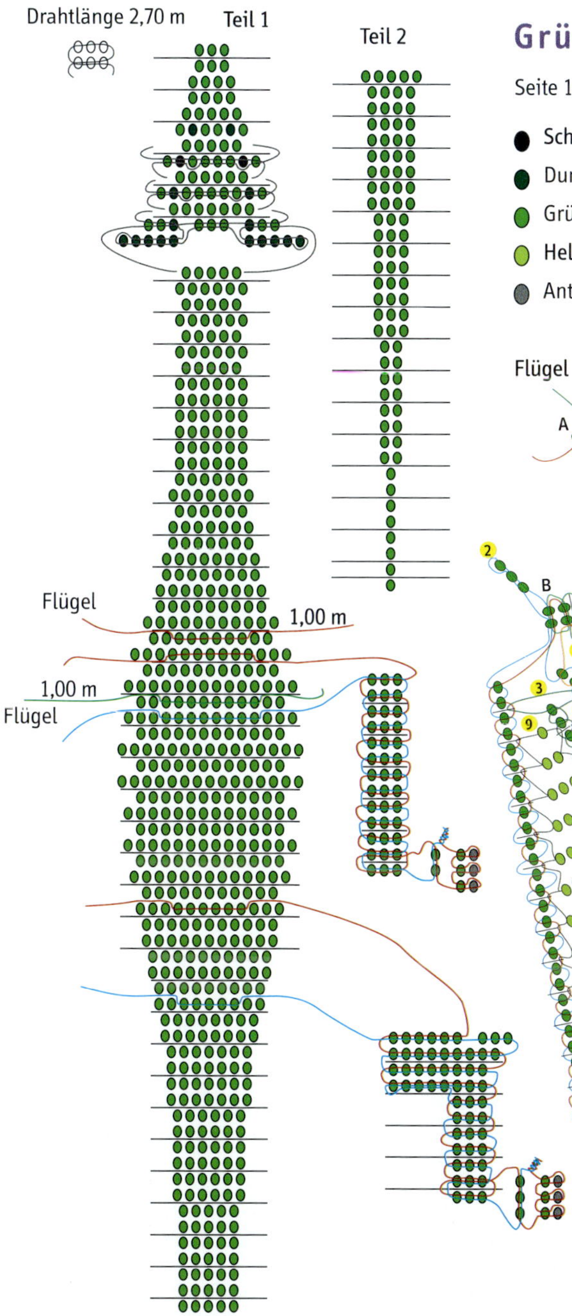

Grüner Drache

Seite 14/15

- Schwarz opak
- Dunkelgrün
- Grün
- Hellgrün
- Anthrazit

Flügel

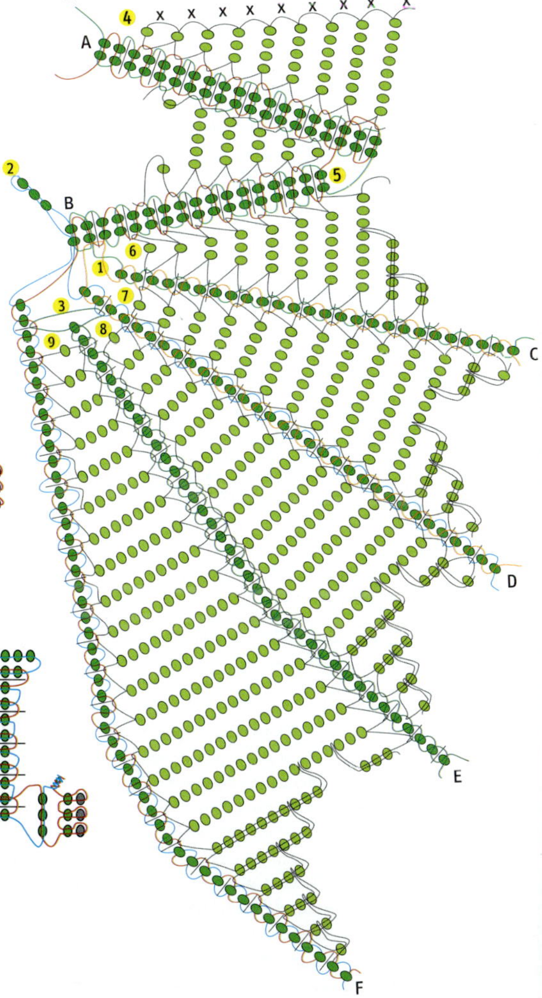

Phönix

Seite 10

Teil 1

- Schwarz
- Rot
- Anthrazit
- Gelb
- Orange
- Gold

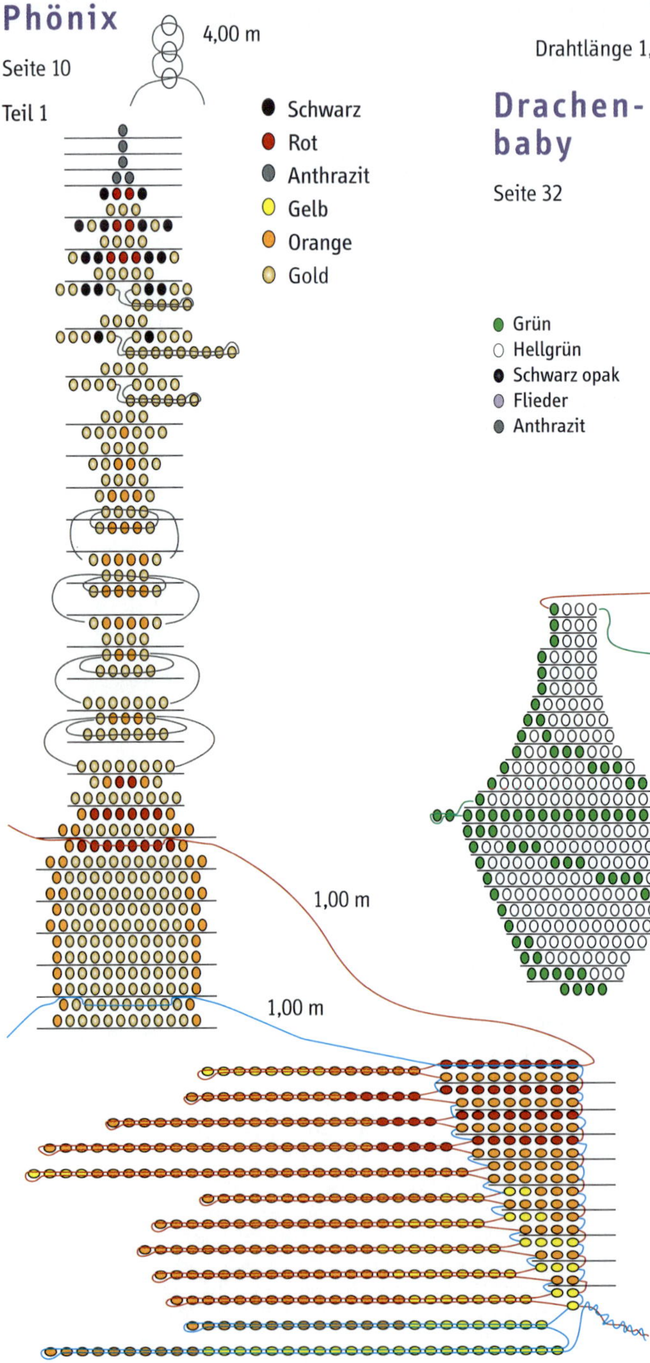

Drachen-baby

Seite 32

- Grün
- Hellgrün
- Schwarz opak
- Flieder
- Anthrazit

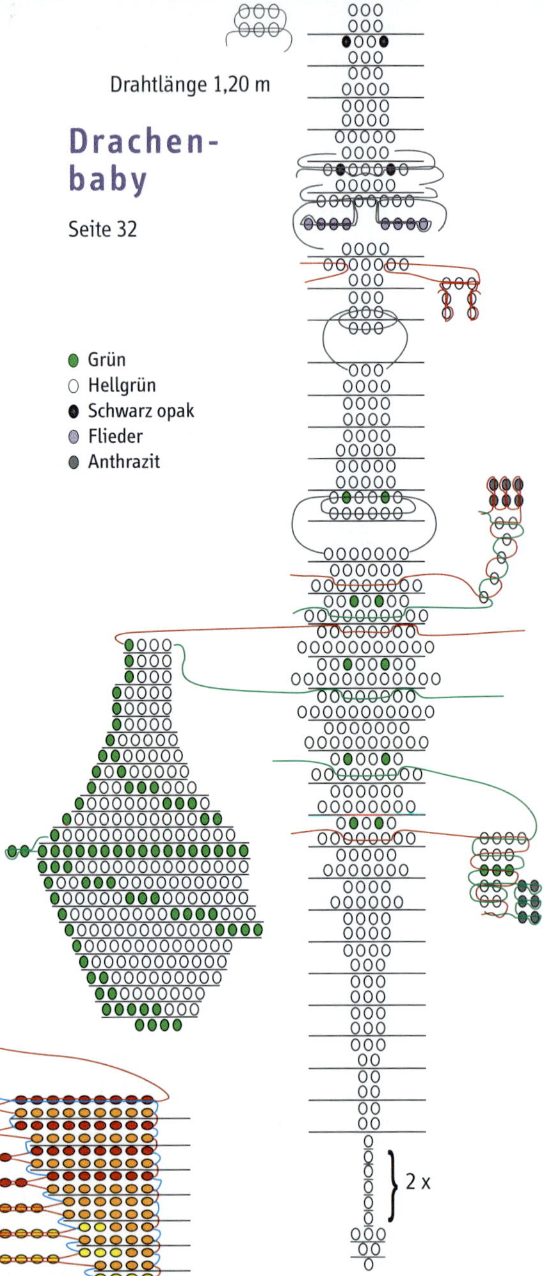

Phönix

Seite 10

Teil 2

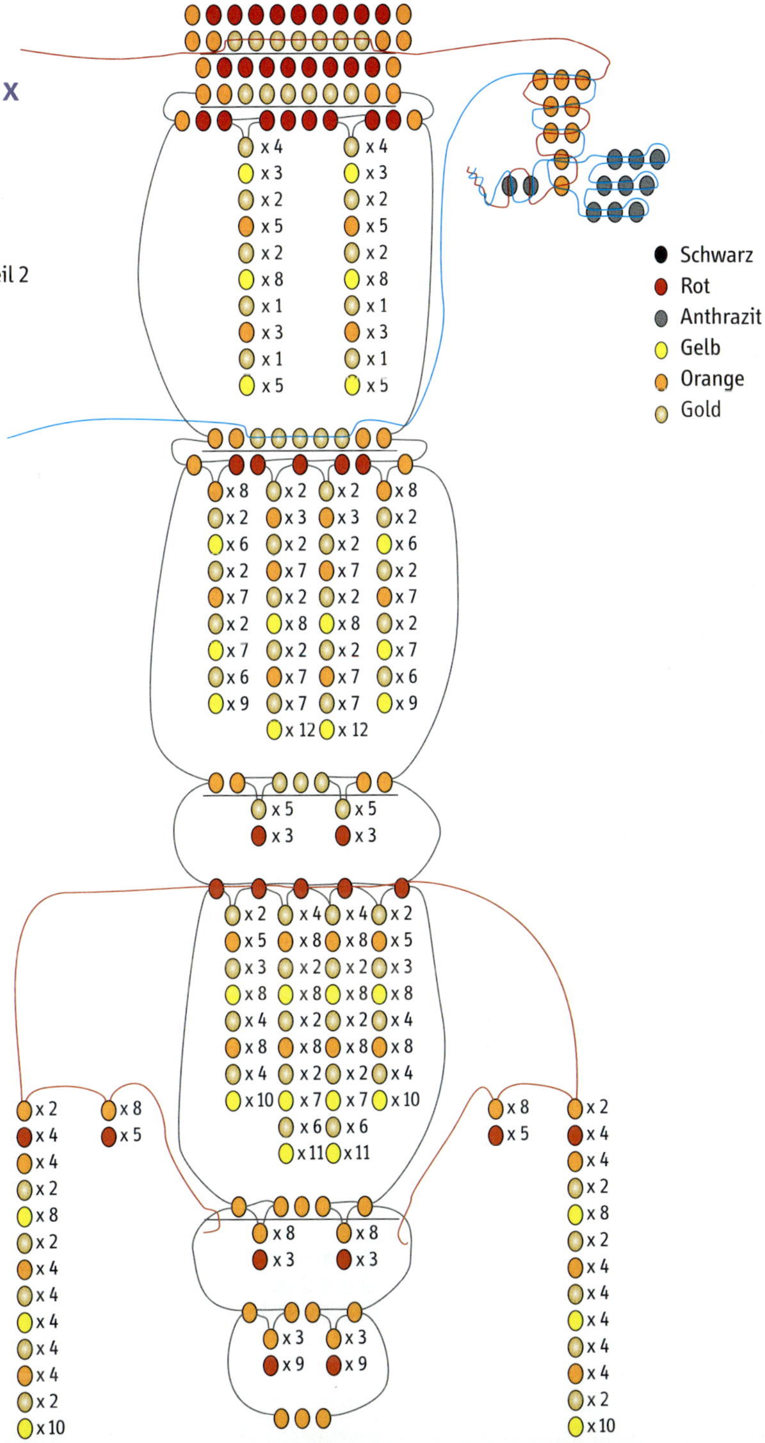

Meerjungfrau und Poseidon

Seite 12

Drahtlänge 1,50 m

Poseidon

- ◯ Weiß satiniert
- ● **Schwarz opak**
- ● Maisgelb rainbow
- ● Hellbraun satiniert
- ● **Braun**
- ● Gelb
- ● Smaragdgrün
- △ Kordel in Weiß

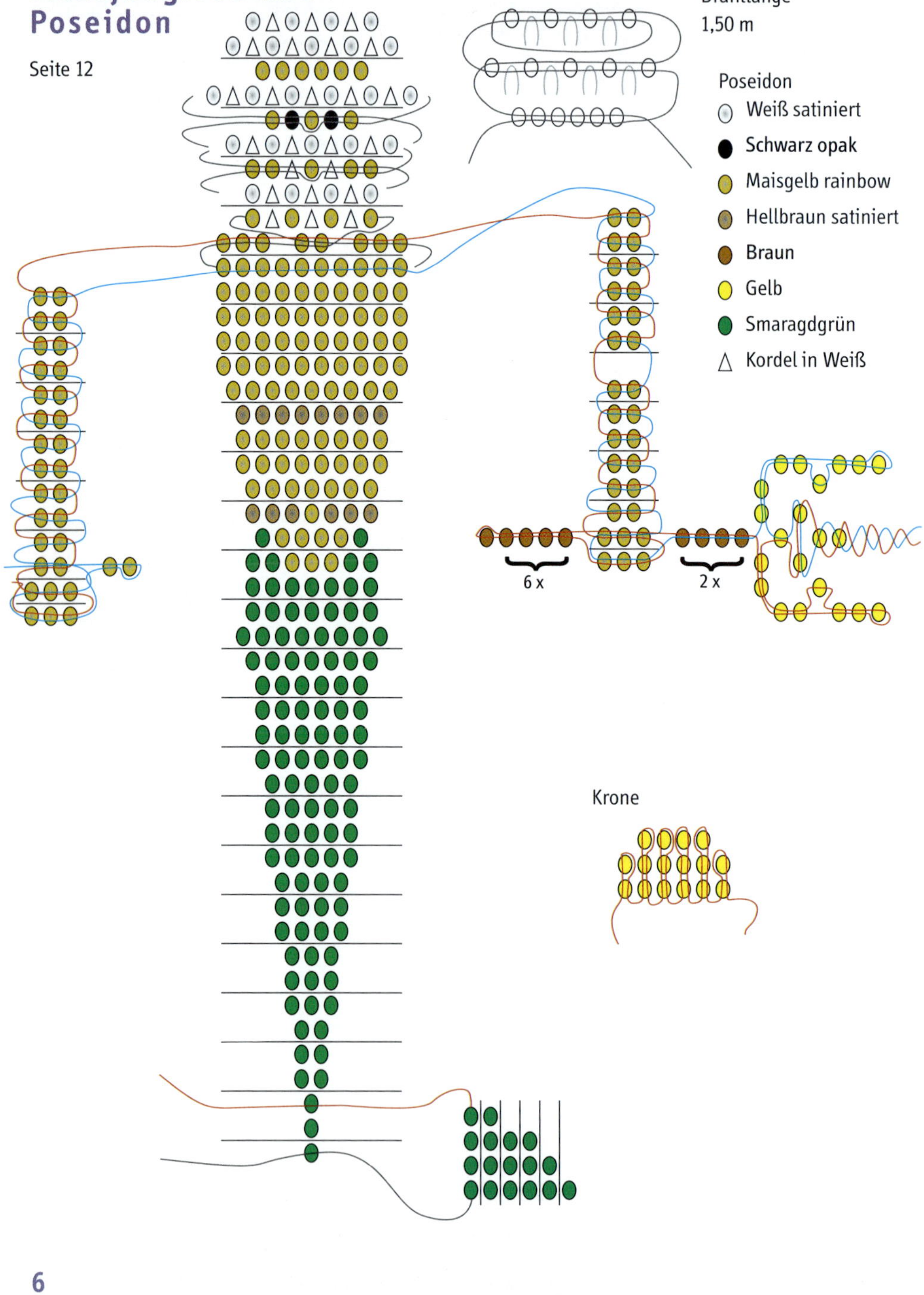

Meerjungfrau und Poseidon

Meerjungfrau
Seite 12

Drahtlänge
1,50 m

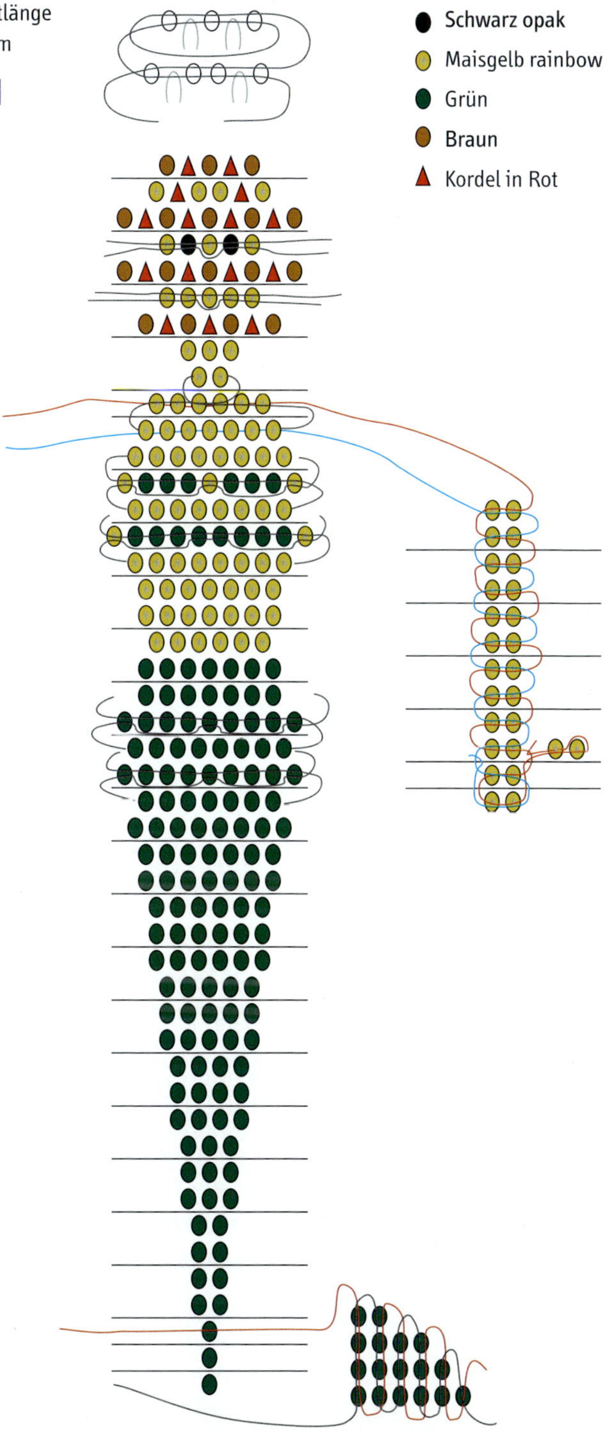

Dschinn

Seite 17

Drahtlänge 1,50 m

- ● Schwarz opak
- ● Maisgelb rainbow
- ● Silbergrau
- ▲ Kordel in Schwarz

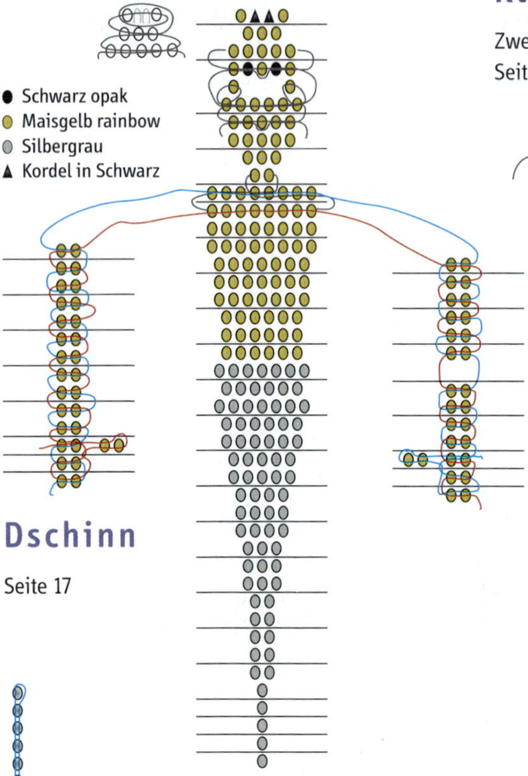

Kleine Waldzwerge

Zwerg

Seite 21

- ● Schwarz opak
- ● Grün
- ● Maisgelb rainbow
- ● Anthrazit
- ● Braun opak
- △ Kordel in Weiß

Drahtlänge 1,00 m

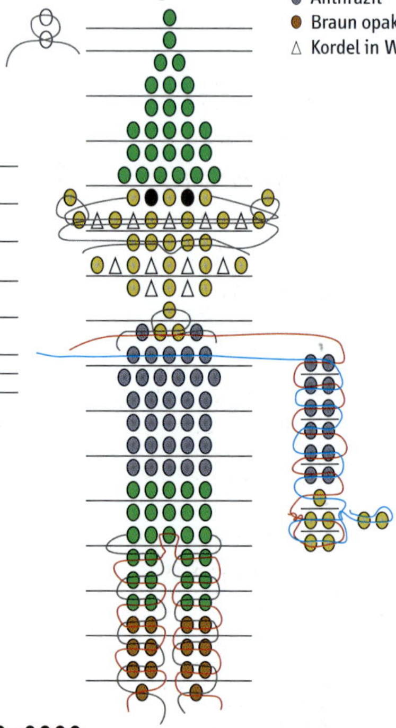

Zwei schwarze Reiter

Seite 19

Drahtlänge 1,20 m

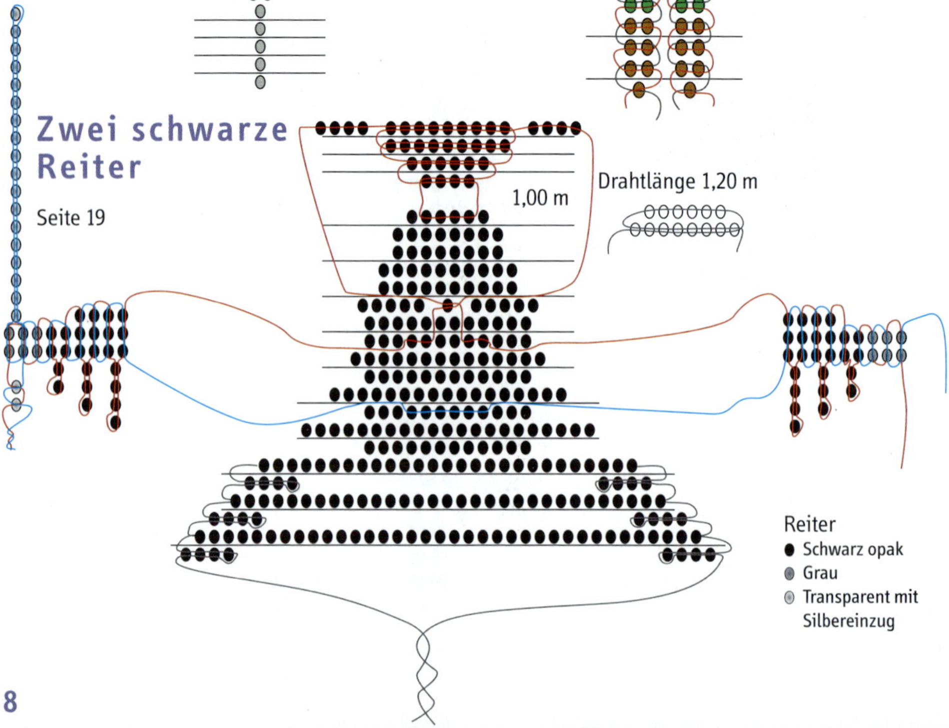

Reiter
- ● Schwarz opak
- ● Grau
- ● Transparent mit Silbereinzug

Drahtlänge 2,50 m

Pferd

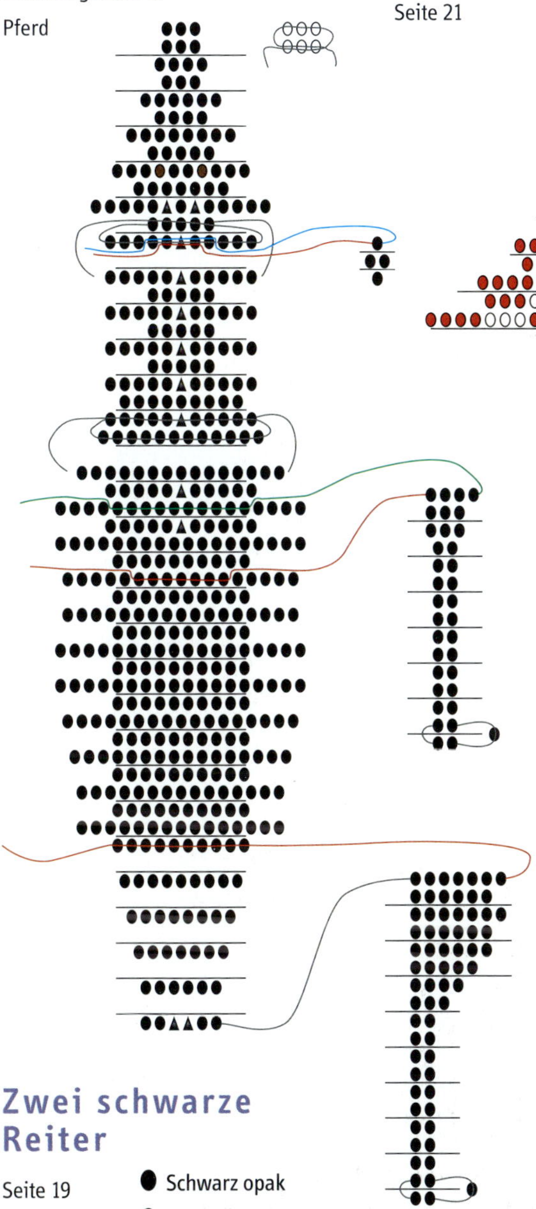

Zwei schwarze Reiter

Seite 19

- ● Schwarz opak
- ● Dunkelbraun
- ▲ Kordel in Schwarz

Kleine Waldzwerge

Seite 21

Drahtlänge 1,60 m

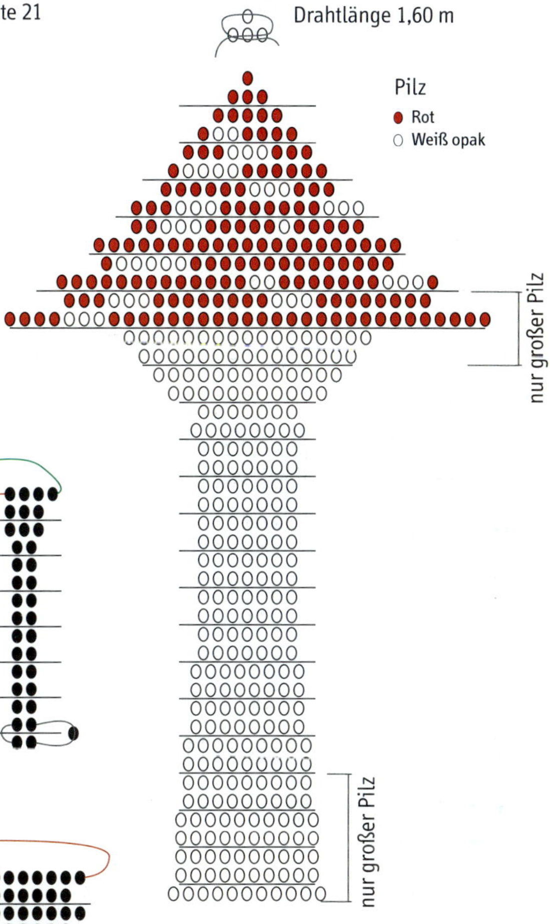

Mantikor und Zentaur

Seite 22

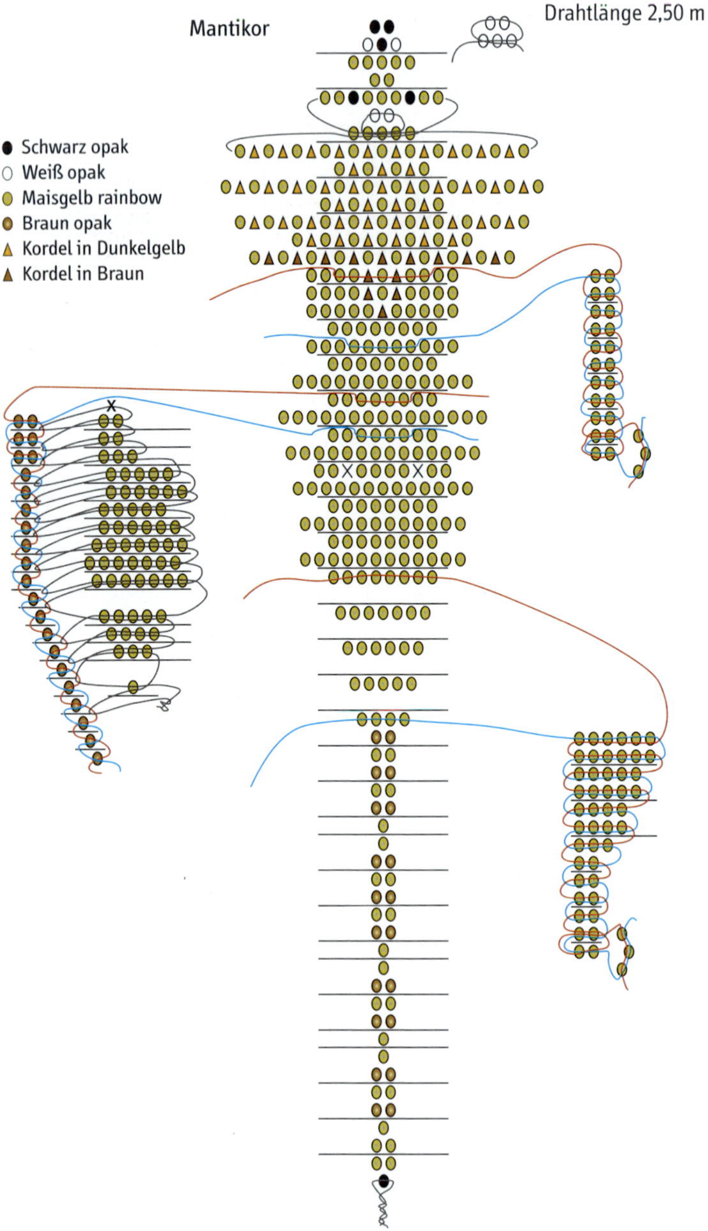

Mantikor und Zentaur

Seite 22

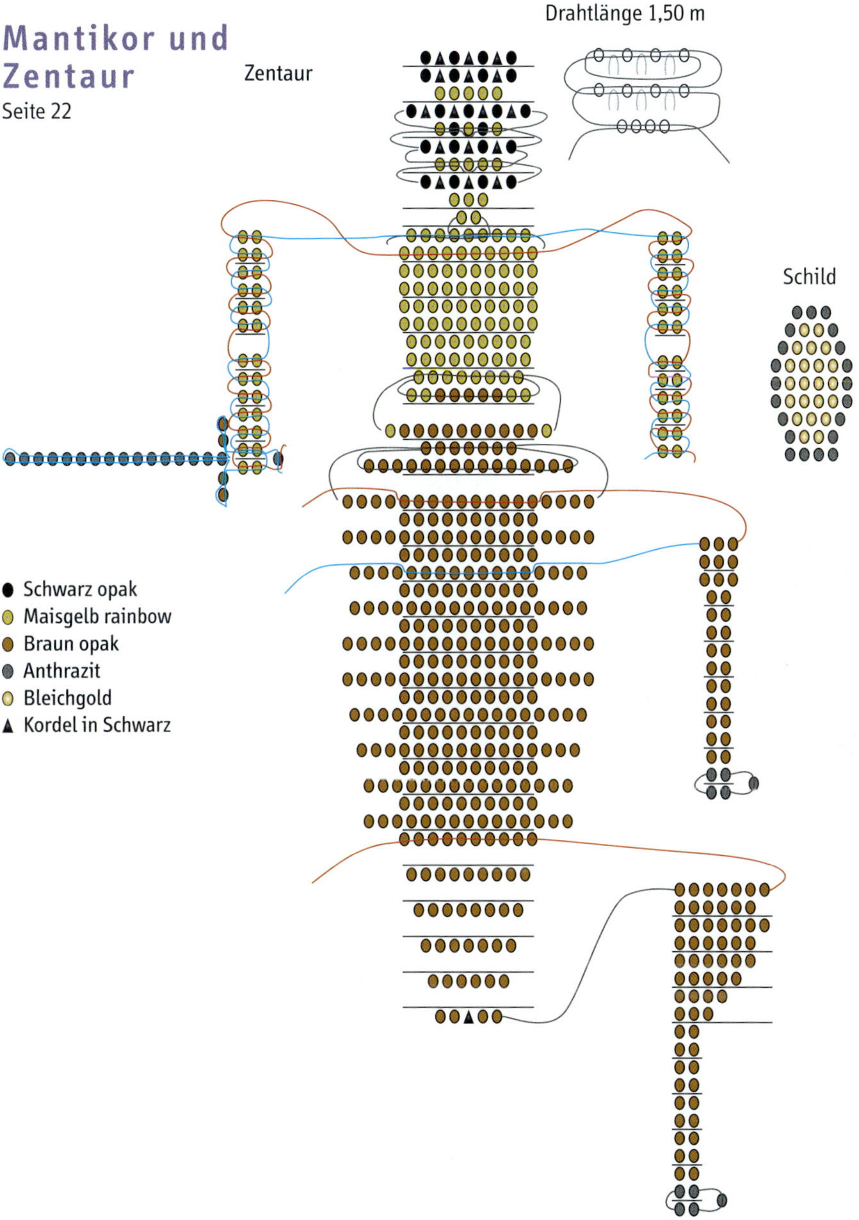

- ● Schwarz opak
- ● Maisgelb rainbow
- ● Braun opak
- ● Anthrazit
- ● Bleichgold
- ▲ Kordel in Schwarz

Greif

Seite 24

- Schwarz opak
- Silbergrau
- Rauchsilber
- Weiß opak
- Beige
- Braun
- Gelb
- Weiß irisierend
- Kordel in Grau

Drahtlänge 2,50 m

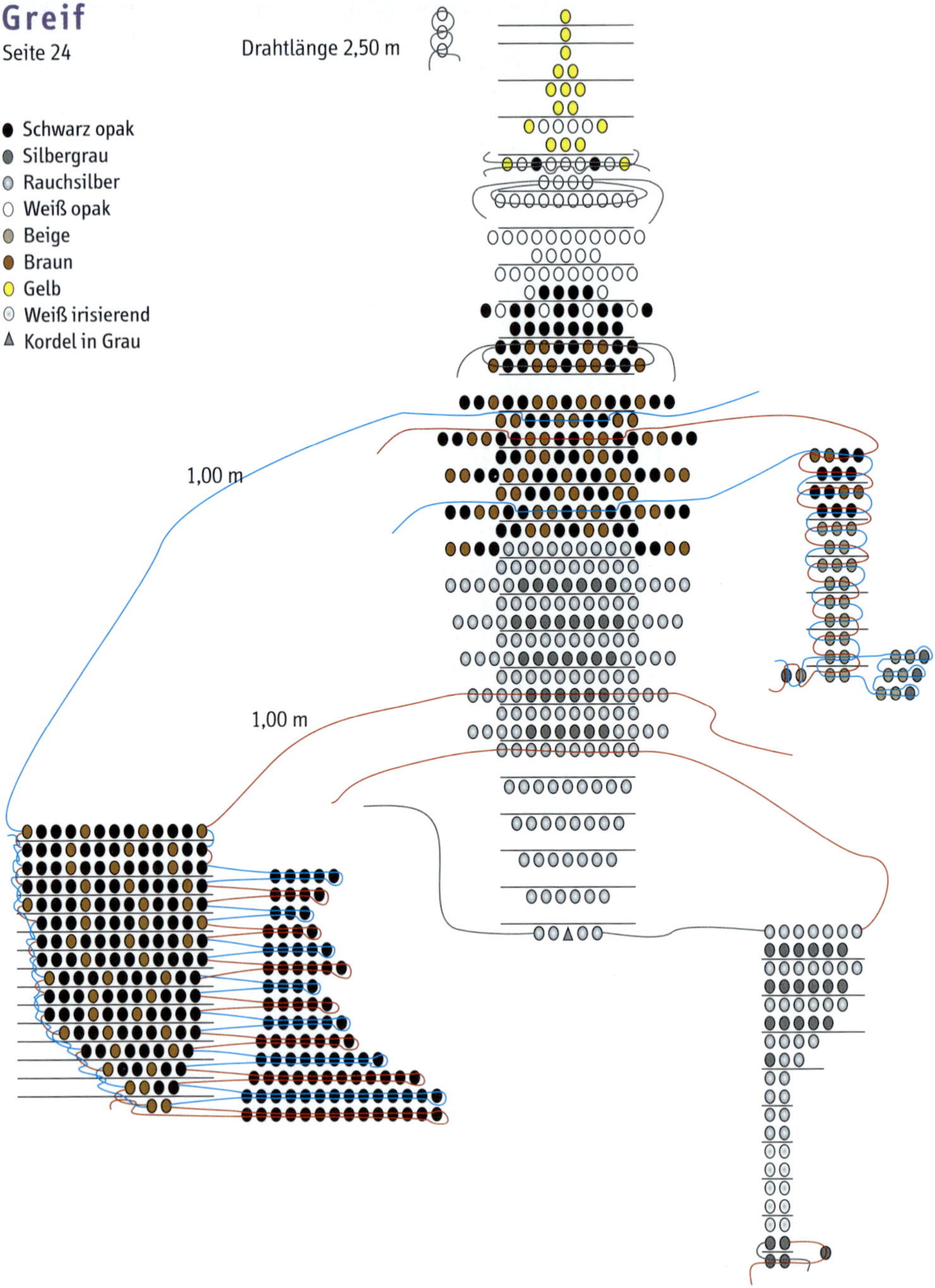

Zwei Hexen

Seite 26

1,50 m

stehende Hexe

- Grau satiniert
- Schwarz opak
- Maisgelb rainbow
- Anthrazit
- Rehbraun
- ▲ Kordel in Rot

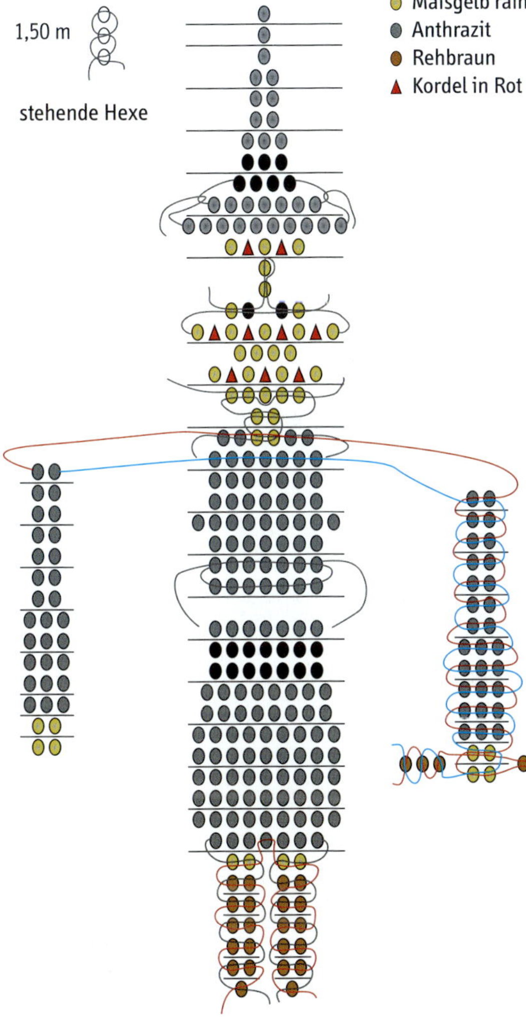

Feuer

- Schwarz opak
- Rot
- Braun satiniert
- ▲ Kordel in Rot, Gelb oder Orange

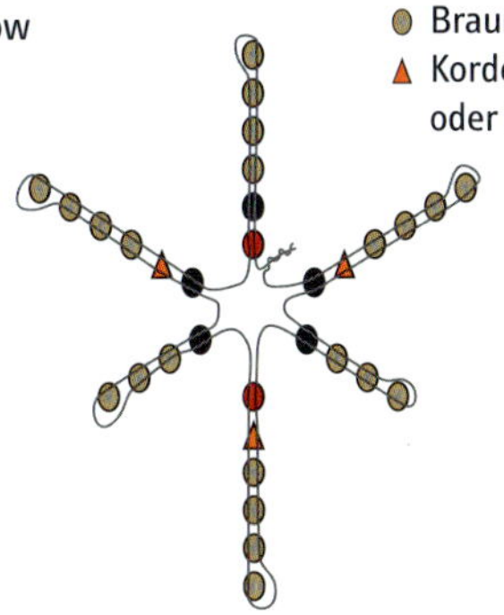

Zwei Hexen

Seite 26

Drahtlänge 1,50 m

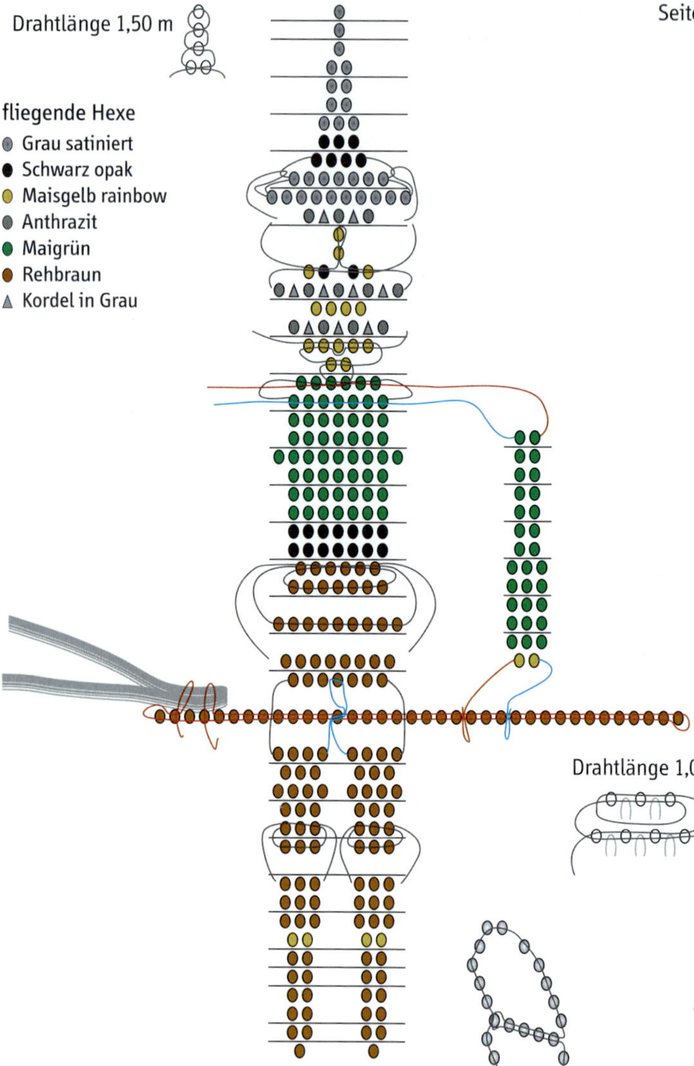

fliegende Hexe

- Grau satiniert
- Schwarz opak
- Maisgelb rainbow
- Anthrazit
- Maigrün
- Rehbraun
- ▲ Kordel in Grau

Gartenelfe

Seite 28

Drahtlänge 1,00 m

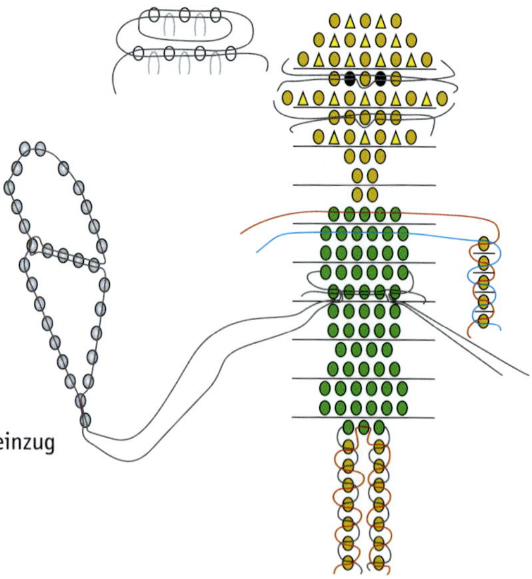

- Schwarz opak
- Transparent mit Silbereinzug
- Maisgelb rainbow
- Grün
- ▲ Kordel in Gelb

Einhorn

Seite 29

Drahtlänge 2,50 m

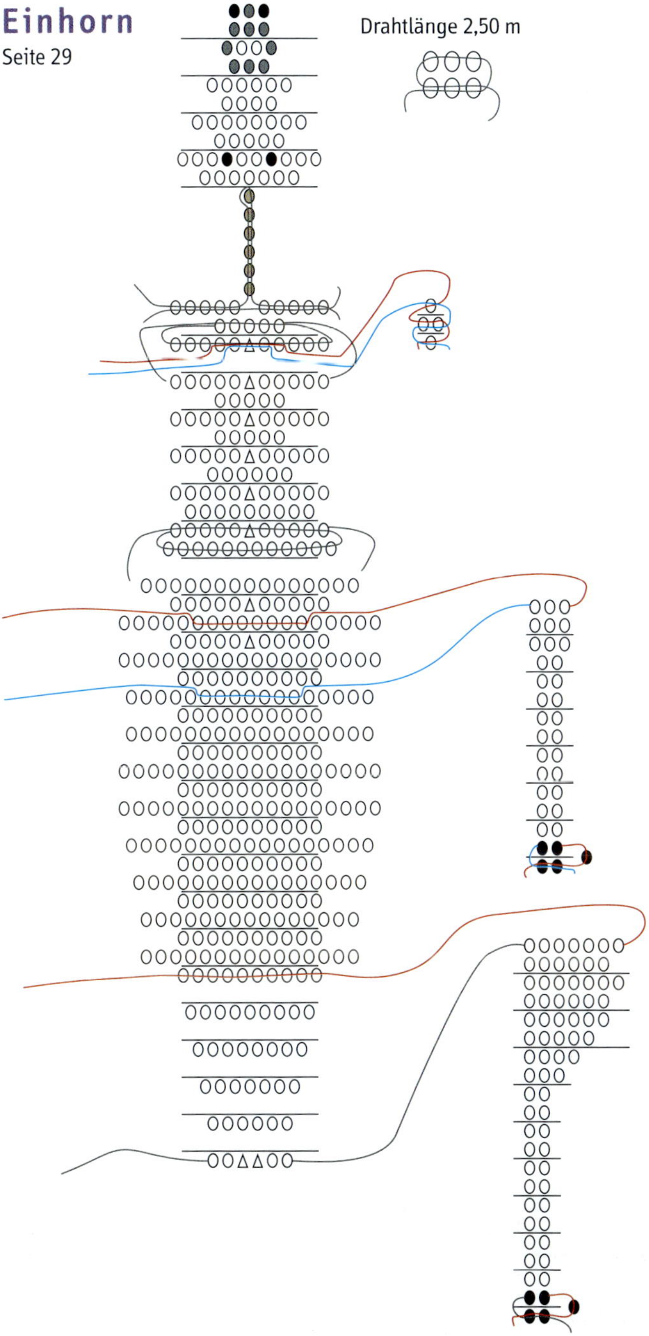

Einhorn

- ● Schwarz opak
- ○ Weiß
- ● Anthrazit
- ● Beige
- △ Kordel in Weiß

Bäume

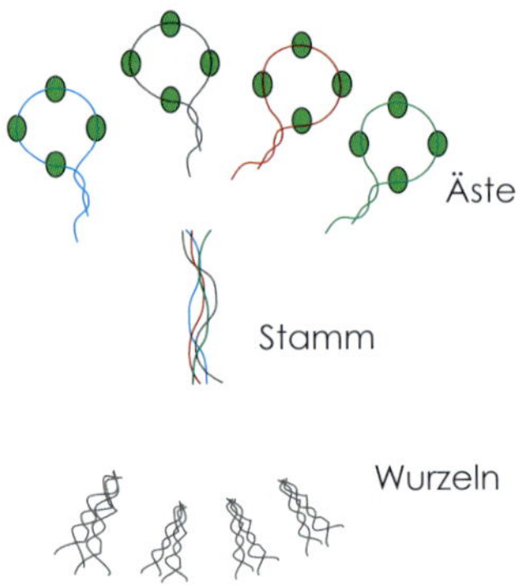

● Grün

Drahtlänge 2,30 m

Pegasus

Seite 30

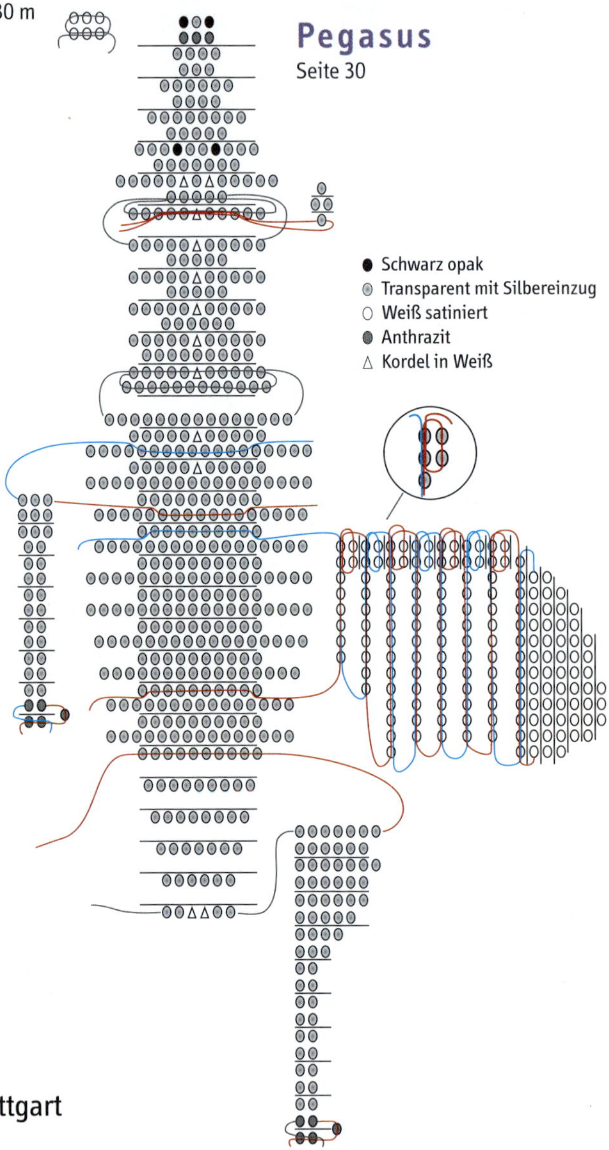

● Schwarz opak
◉ Transparent mit Silbereinzug
○ Weiß satiniert
● Anthrazit
△ Kordel in Weiß

Torsten Becker
Fantasy-Perlentiere
Motive aus Mythologie und Fantasy
BEST.-NR. 3638
VORLAGENHEFT

Zwei schwarze Reiter

→ unterwegs in geheimer Mission

MOTIVGRÖSSE
Reiter ca. 7 cm

MATERIAL
- Messingdraht, ø 0,3 mm
- Rocailles in Schwarz opak, Grau, Transparent mit Silbereinzug und Dunkelbraun, ø 2,5 mm
- Viskosekordel in Schwarz, ø 2,1 mm

VORLAGENHEFT SEITE 8 + 9

1 Mit dem Kopf des Pferdes beginnen und die Perlen gemäß Vorlage aufziehen. In der 11. Reihe den Pony einarbeiten. Die 13. Reihe als eingeschobene Reihe fädeln (siehe Vorlage) und nach oben legen. Zwei Drahtstücke für die Ohren in die mittleren Perlen der Reihe einziehen und gemäß Vorlage zwischen die eingezogenen Drähte ein Haarteil einarbeiten. Die Ohren fädeln.

2 Ab der 14. Reihe die Mähne einarbeiten. Die 23. Reihe als eingeschobene Reihe fädeln und nach unten legen. In der 26. und 30. Reihe die Drähte für die Vorderbeine einziehen. Ab der 45. Reihe die Hüfte fädeln (vgl. Seite 6). Dazu einen weiteren Draht in die Reihe einarbeiten und die nachfolgenden Reihen alle nach oben legen. In der letzten Reihe den Schweif einarbeiten.

3 Mit den eingezogenen Drähten und den Drahtenden gemäß Vorlage die Vorder- und Hinterbeine fädeln. Für die Hufe jeweils nach der vorletzten Reihe eine zusätzliche Perle aufziehen und dann erst die letzte Reihe fädeln.

4 Bei den Reitern mit den Schultern beginnen. In die erste Reihe gemäß Vorlage ein Drahtstück einarbeiten und die Perlen für die Kapuze auffädeln. Dann mit den Schultern fortfahren und in der 6. Reihe die beiden Drahtenden der Kapuze durch die mittlere Perle kreuzen. In der 8. Reihe die Drähte der Kapuze gemäß Vorlage durch zwei Perlen fädeln. In der 12. Reihe das zweite Drahtstück für die Arme einziehen.

5 Den Mantel bis zum Saum fädeln. Dabei werden ab der 16. Reihe vorn nur noch kurze Perlenstäbe gearbeitet (siehe Vorlage). Die Arme fädeln und an der rechten Hand das Schwert ergänzen. Den Reiter auf das Pferd setzen. Die Drahtenden des Mantels um den Pferdebauch legen und miteinander verdrehen (siehe Vorlage). Mit dem Restdraht der linken Hand die Zügel formen und vorn am Kopf des Pferdes einhängen.

Tipp: Die Anleitung für die Laubbäume finden Sie auf Seite 31.

Kleine Waldzwerge

→ unter Fliegenpilzen

MOTIV-GRÖSSE
Zwerg ca. 4 cm
Pilze ca. 3,5 cm bis 4,5 cm

MATERIAL ZWERG
- Messingdraht, ø 0,3 mm
- Rocailles in Schwarz opak, Braun opak, Maisgelb rainbow, Grün und Anthrazit, ø 2,5 mm
- Viskosekordel in Weiß, ø 2,1 mm

PILZE
- Messingdraht, ø 0,3 mm
- Rocailles in Rot und Weiß opak, ø 2,5 mm

VORLAGEN-HEFT SEITE 8 + 9

Zwerg

1 Mit dem Hut beginnen und die Perlen gemäß Vorlage aufziehen. In der 10. Reihe die Ohren arbeiten. Dazu an jedem Ende eine weitere Perle auf den Draht aufziehen und diesen nochmals durch die letzte Perle der Reihe fädeln (siehe Vorlage).

2 Ab der 10. Reihe die Haare und ggf. den Bart einarbeiten (vgl. Seite 7). In der 11. Reihe für die Nase die mittlere Perle außerhalb der Reihe fädeln (siehe Vorlage). Nach der 14. Reihe die Schultern arbeiten. Dazu die Drahtenden zunächst durch zwei maisgelbe Perlen kreuzen, dann jeweils eine anthrazitfarbene Perle aufziehen (siehe Vorlage). In diese und in die nächste Reihe zusätzlich einen Draht für die Arme einarbeiten.

3 In der 24. Reihe einen zusätzlichen Draht für die Beine durch die mittlere Perle fädeln. Die Beine, Füße, Arme und Hände gemäß Vorlage arbeiten. Die Haare frisieren und in Form schneiden.

Pilze

Die Perlen gemäß Vorlage von der Spitze des Huts bis zum unteren Ende des Stamms aufziehen. Beim großen Pilz der gesamten Vorlage folgen. Beim kleinen Pilz einfach die umklammerten Reihen weglassen.

Tipp: **Sie können den Zwerg auch in anderen Farben fädeln. Der vordere Zwerg hier auf dem Bild trägt zum Beispiel schwarze Schuhe, eine braune Hose und ein hellgrünes Oberteil. Die Mütze und die Haare sind rot. Außerdem hat er keinen Bart.**

Mantikor und Zentaur

→ zwei unbändige Fabelwesen

Mantikor

1 Mit dem Kopf des Mantikors beginnen und die Perlen gemäß Vorlage aufziehen. In der 6. Reihe zusätzlich zwei weiße Perlen als Unterkiefer auffädeln (siehe Vorlage). Ab der 7. Reihe einzelne Haarteile für die Mähne einarbeiten. Dabei die Farbangaben in der Vorlage beachten. In der 14. und 18. Reihe die Drahtstücke für die Vorderbeine einarbeiten und diese gemäß Vorlage fädeln.

2 In der 21. und 23. Reihe die Drahtstücke für die Flügel einziehen und den braunen Perlenstab fertigen. Den Körper bis zur 25. Reihe weiterfädeln. Zwei zusätzliche Drahtstücke an den mit x gekennzeichneten Stellen um die Perlenreihe legen. Mit diesen Drähten die gelben Schwingen der Flügel fädeln (siehe Vorlage). Dabei an der mit x markierten Stelle beginnen.

3 Den Körper weiter fädeln. Ab der 31. Reihe die Hüfte arbeiten (vgl. Seite 6). Dazu einen weiteren Draht in die Reihe einziehen und alle nachfolgenden Reihen nach oben legen. In die 35. Reihe den zweiten Beindraht einziehen und die Hinterbeine gemäß Vorlage fädeln. Die Perlen für den Schwanz auffädeln. Die Mähne frisieren und in Form schneiden.

Zentaur

1 Mit dem Kopf beginnen und den Draht durch vier Perlen kreuzen (siehe Zusatzskizze auf der Vorlagenseite). Nun die Haare wie auf Seite 7 beschrieben einarbeiten. Die nächsten Perlenreihen gemäß Vorlage aufziehen. In der 5. und 7. Reihe die mittlere Perle als Nase außerhalb der Reihe fädeln (siehe Vorlage).

2 Nach der 10. Reihe die Schultern arbeiten. Dazu die Drahtenden zunächst durch drei Perlen kreuzen, dann auf jedes Drahtende drei weitere Perlen aufziehen (siehe Vorlage). In diese und in die nächste Reihe zusätzlich einen Draht für die Arme einarbeiten. Die Arme gemäß Vorlage fädeln und an den offenen Stellen (siehe Vorlage) knicken. Am rechten Arm das Schwert anarbeiten.

3 Die 20. und 23. Reihe als eingeschobene Reihen fädeln (siehe Vorlage). In die 24. und 28. Reihe die Drähte für die Vorderbeine einarbeiten und die Beine gemäß Vorlage fädeln. Ab der 43. Reihe die Hüfte arbeiten (vgl. Seite 6). Dazu einen weiteren Draht in die Reihe einziehen und alle nachfolgenden Reihen nach oben legen. In der letzten Reihe den Schweif einarbeiten.

4 Mit dem eingezogenen Draht und den Drahtenden gemäß Vorlage die Hinterbeine fädeln. Das Schild mit einem Zusatzdraht fertigen und mit den überstehenden Drahtenden des linken Arms am Zentauren befestigen.

MOTIVGRÖSSE
Mantikor
ca. 6 cm
Zentaur
ca. 7,5 cm

MATERIAL MANTIKOR

- Messingdraht, ø 0,3 mm
- Rocailles in Schwarz opak, Weiß opak, Braun opak und Maisgelb rainbow, ø 2,5 mm
- Viskosekordel in Dunkelgelb und Braun, ø 2,1 mm

ZENTAUR

- Messingdraht, ø 0,3 mm
- Rocailles in Schwarz opak, Braun opak, Maisgelb rainbow, Anthrazit und Bleichgold, ø 2,5 mm
- Viskosekordel in Schwarz, ø 2,1 mm

VORLAGENHEFT SEITE 10 + 11

Greif

→ ein Symbol der Klugheit

1 Mit dem Schnabel beginnen und die Perlen gemäß Vorlage aufziehen. In der 9. Reihe zwei Perlen außerhalb der Reihe fädeln (siehe Vorlage). Die 11. und die 19. Reihe als eingeschobene Reihen arbeiten. Die erste nach oben, die zweite nach unten legen (vgl. Seite 5).

2 In die 21. Reihe ein 1 m langes Drahtstück für die Flügel einziehen. Für die Vorderbeine in die 22. und 26. Reihe einen zusätzlichen Draht einarbeiten. Die Beine gemäß Vorlage fädeln. Für die Füße mit einem Drahtende drei kurze Perlenstäbe arbeiten. Den Draht durch die zweitletzte Reihe ziehen und zusammen mit dem anderen Drahtende zwei weitere Perlen auffädeln. Die Drahtenden verstecken (vgl. Seite 3).

3 In die 36. Reihe das zweite 1 m lange Drahtstück für die Flügel einfädeln. Ab der 39. Reihe die Hüfte arbeiten (vgl. Seite 6). Dazu einen weiteren Draht in die Reihe einziehen und alle nachfolgenden Reihen nach oben legen. In der letzten Reihe den Schweif einarbeiten.

4 Mit dem eingezogenen Draht und den Drahtenden des Körpers die Hinterbeine fädeln. Für die Hufe nach der vorletzten Reihe eine Perle auf ein Drahtende aufziehen und dann erst die letzte Reihe fädeln. Die Flügel gemäß Vorlage anfertigen. Dabei ab der dritten Reihe die Perlenstäbe zwischen den Reihen einarbeiten. Das Ende des Drahtes, mit welchem der letzte Perlenstab gefädelt wurde, um die letzte Reihe führen und einhängen. Das andere Drahtende durch die Drahtschlaufen der vorderen Flügelkante führen und in der letzten Schlaufe einhängen.

MOTIVGRÖSSE
ca. 5 cm

MATERIAL
- Messingdraht, ø 0,3 mm
- Rocailles in Schwarz opak, Weiß opak, Silbergrau, Rauchsilber, Beige, Braun, Gelb und Weiß irisierend, ø 2,5 mm
- Viskosekordel in Grau, ø 2,1 mm

VORLAGENHEFT SEITE 12

Zwei Hexen

→ feiern auf dem Brocken

Hexen

1 Mit dem Besen beginnen und einen Perlenstab mit 32 Perlen fädeln. Auf ein Drahtende vier weitere Perlen aufziehen, das Ende um die letzte Perle legen und durch die nächste Perle zurückführen. Etwa acht Haarteile (jeweils doppelt gelegt) um den Besenstiel anordnen und fest mit den Drahtenden umwickeln.

2 Die Hexen oben am Hut beginnen. Nach der 11. Reihe den Draht durch die vorletzten Drahtschlaufen nach innen führen (siehe Vorlage) und den Kopf arbeiten. Dabei werden ab der 12. Reihe Haare eingearbeitet (vgl. Seite 7). In der 13. Reihe zwischen den Augen einen kleinen Perlenstab für die Nase fädeln. Für das Kinn in der 17. Reihe die mittlere Perle außerhalb der Reihe arbeiten (siehe Vorlage).

3 Nach der 18. Reihe die Schultern arbeiten. Dazu die Drahtenden zunächst durch zwei Perlen kreuzen, dann auf jedes Drahtende zwei weitere Perlen aufziehen (siehe Vorlage). In diese und in die nächste Reihe zusätzlich einen Draht für die Arme einarbeiten. Die Arme fädeln. Bei der stehenden Hexe am linken Arm den Stock ergänzen.

4 Den Körper der Hexen arbeiten. Bei der stehenden Hexe die 26. Reihe als eingeschobene Reihe fädeln (vgl. Seite 5), dann gemäß Vorlage die restlichen Perlenreihen des Körpers aufziehen. In der 37. Reihe in die mittlere Perle einen zusätzlichen Draht einarbeiten und die Beine und Füße fädeln.

5 Bei der fliegenden Hexe die 30. und 31. Reihe als eingeschobene Reihe arbeiten und jeweils nach hinten legen. In der 33. Reihe in die mittlere Perle einen zusätzlichen Draht für die Beine einziehen und gemäß Vorlage durch die entsprechende Perle am Besenstiel führen. Die Beine fädeln. Die 39. Reihe ist eine eingeschobene Reihe. Zuletzt die Hände mit den Drahtenden am Besenstiel befestigen.

Feuerstelle

Für die Feuerstelle gemäß Vorlage nacheinander sechs Perlenstäbe fädeln. Dabei in einige Perlenstäbe vor dem Festziehen der Drähte Kordelstücke einarbeiten (vgl. Seite 7). Zuletzt ein Drahtende um ein Bündel von roten, gelben und oragenfarbenen Kordelstücken legen (nicht in der Vorlage abgebildet) und die beiden Enden fest miteinander verdrehen.

MOTIVGRÖSSE
Hexen ca. 6 cm
Feuerstelle ca. 2 cm

MATERIAL HEXEN

- Messingdraht, ø 0,3 mm
- Rocailles in Schwarz opak, Grau satiniert, Maisgelb rainbow, Anthrazit, Rehbraun und Maigrün, ø 2,5 mm
- Viskosekordel in Grau und Rot, ø 2,1 mm

FEUERSTELLE

- Messingdraht, ø 0,3 mm
- Rocailles in Schwarz opak, Braun satiniert und Rot, ø 2,5 mm
- Viskosekordel in Rot, Orange und Gelb, ø 2,1 mm

VORLAGENHEFT SEITE 13

Gartenelfe

→ kleiner Naturgeist

MOTIVGRÖSSE
ca. 4,5 cm

MATERIAL
- Messingdraht, ø 0,3 mm
- Rocailles in Schwarz opak, Transparent mit Silbereinzug, Maisgelb rainbow und Grün, ø 2,5 mm
- Viskosekordel in Gelb, ø 2,1 mm

VORLAGENHEFT SEITE 14

1 Mit dem Kopf beginnen und den Draht durch drei Perlen kreuzen (siehe Zusatzskizze auf der Vorlagenseite). Nun die Haare wie auf Seite 7 beschrieben einarbeiten. In der 4. und 6. Reihe jeweils die mittlere Perle außerhalb der Reihe arbeiten (siehe Vorlage).

2 In der 11. und 12. Reihe die Drahtstücke für die Arme einziehen und die Arme fädeln. In der 15. Reihe auf beiden Seiten zwischen der ersten und der zweiten Perle die Flügel einarbeiten (siehe Vorlage). Die restlichen Perlenreihen des Körpers aufziehen.

3 In der letzten Reihe in die mittlere Perle einen zusätzlichen Beindraht einarbeiten. Die Beine gemäß Vorlage fädeln. Zuletzt die Haare anfeuchten, frisieren und in Form schneiden.

Einhorn

→ Symbol für das Gute

1 Mit dem Kopf beginnen und die Perlen gemäß Vorlage aufziehen. In der 11. Reihe für das Horn einen Perlenstab einarbeiten. Die 13. Reihe ist eine eingeschobene Reihe. In diese Reihe gemäß Vorlage zwei Drähte für die Ohren einziehen und zwischen diese Drähte ein Stück Kordel für den Pony einlegen (vgl. Seite 7). Die Ohren fädeln.

2 Ab der 13. Reihe die Mähne einarbeiten. Die 23. Reihe ist wieder eine eingeschobene Reihe. In die 26. und 30. Reihe die Drähte für die Vorderbeine einziehen und diese gemäß Vorlage fädeln.

3 Ab der 45. Reihe die Hüfte fädeln (vgl. Seite 6). Dazu einen weiteren Draht in die Reihe einziehen und die nachfolgenden Reihen alle nach oben legen. In der letzten Reihe den Schweif einarbeiten. Mit dem eingezogenen Draht und den Drahtenden gemäß Vorlage die Hinterbeine fädeln.

MOTIVGRÖSSE
ca. 5,5 cm

MATERIAL

- Messingdraht, ø 0,3 mm
- Rocailles in Schwarz opak, Weiß, Anthrazit und Beige, ø 2,5 mm
- Viskosekordel in Weiß, ø 2,1 mm

VORLAGENHEFT SEITE 15

Pegasus

→ ein geflügeltes Pferd

Pegasus

1 Mit dem Kopf beginnen und die Perlen gemäß Vorlage aufziehen. Ab der 11. Reihe die Mähne einarbeiten (vgl. Seite 7). Die 13. Reihe ist eine eingeschobene Reihe. In diese Reihe gemäß Vorlage zwei Drähte für die Ohren einziehen und zwischen diese Drähte ein Stück Kordel für den Pony einlegen (vgl. Seite 7). Die Ohren fädeln.

2 Die 23. Reihe ist eine eingeschobene Reihe, die nach unten gelegt wird. In die 26. und 30. Reihe die Drähte für die Vorderbeine einziehen und die Beine gemäß Vorlage fädeln. In der 31. und 41. Reihe Drähte für die Flügel einarbeiten.

3 Ab der 45. Reihe die Hüfte fädeln (vgl. Seite 6). Dazu einen weiteren Draht in die Reihe einarbeiten und die nachfolgenden Reihen alle nach oben legen. In der letzten Reihe den Schweif einarbeiten. Mit dem eingezogenen Draht und den Drahtenden gemäß Vorlage die Hinterbeine fädeln.

4 Die Flügel werden flach gearbeitet, zur Verstärkung werden am vorderen Rand der Flügel aber zusätzliche Perlen eingearbeitet (siehe Vorlage). Dazu nach jeder Reihe auf das zum Kopf zeigende Drahtende zwei weitere Perlen auffädeln und das Drahtende nochmals durch die letzten zwei Perlen der Perlenreihe ziehen.

Bäume

1 Die Bäume werden von den Blättern nach unten zu den Wurzeln gearbeitet. Dazu jeweils vier Perlen mittig auf ein Drahtstück aufziehen und die Drahtenden miteinander verdrehen. Eventuell noch zwei Perlen auf die verdrehten Drähte aufziehen. Dann immer zwei dieser dünnen Äste miteinander verdrehen.

2 So fortfahren und immer wieder zwei oder drei gleich oder verschieden starke Äste miteinander verdrehen, bis ein dicker Stamm entsteht. Zum Abschluss die Drähte des Stamms unten aufspreizen und in unterschiedlich starken Bündeln miteinander verdrehen, sodass Wurzeln entstehen.

MOTIVGRÖSSE

Pegasus ca. 6 cm
Bäume ca. 7 cm bis 10 cm

MATERIAL PEGASUS

- Messingdraht, ø 0,3 mm
- Rocailles in Schwarz opak, Transparent mit Silbereinzug, Weiß satiniert und Anthrazit, ø 2,5 mm
- Viskosekordel in Weiß, ø 2,1 mm

BÄUME

- 100 bis 160 Messingdrahtstücke, ø 0,3 mm, 20 cm bis 30 cm lang
- Rocailles in Grün bzw. Hellgrün, ø 2,5 mm

VORLAGENHEFT SEITE 16

Drachenbaby

→ frisch geschlüpft

MOTIVHÖHE
ca. 5 cm

MATERIAL
- Messingdraht, ø 0,3 mm
- Rocailles in Schwarz opak, Flieder, Grün, Hellgrün und Anthrazit, ø 2,5 mm

VORLAGEN-HEFT SEITE 4

1 Mit dem Kopf beginnen und die Perlen gemäß Vorlage aufziehen. In der 11. Reihe zwei Perlen außerhalb der Reihe arbeiten (siehe Vorlage). In der 13. Reihe die Hörner einarbeiten. In die 15. Reihe zwei Drähte einziehen und die Seitenlappen fädeln. Die 19. und 29. Reihe sind eingeschobene Reihen (vgl. Seite 5). Die erste nach oben, die zweite nach unten legen.

2 In der 32. und 34. Reihe Drähte für die Vorderbeine einarbeiten und die Beine fädeln. In die 35. und 39. Reihe Drahtstücke für die Flügel, in die 44. und 48. Reihe Drahtstücke für die Hinterbeine einziehen. Die Hinterbeine fädeln.

3 Die restlichen Perlenreihen bis zur Schwanzspitze aufziehen. Die Flügel gemäß Vorlage flach arbeiten und nach Fertigstellung in Form biegen.

DIESES BUCH ENTHÄLT EIN 16-SEITIGES VORLAGENHEFT

IMPRESSUM

Wir danken der Firma Knorr-Prandel für die freundliche Unterstützung.

FOTOS: frechverlag GmbH, 70499 Stuttgart; Torsten Becker (S. 7); Fotostudio Ullrich & Co., Renningen (übrige Bilder)

DRUCK: frechdruck GmbH, 70499 Stuttgart

Auflage:	5.	4.	3.	2.	1.	
Jahr:	2011	2010	2009	2008	2007	[Letzte Zahlen maßgebend]

ISBN 978-3-7724-3638-3
Best.-Nr. 3638